LAS FARC

Toda la verdad sobre
el polémico grupo guerrillero

Fernando López Trujillo

LAS FARC

Toda la verdad sobre
el polémico grupo guerrillero

CONJURAS

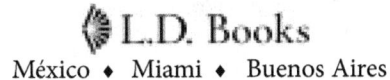 L.D. Books

México ♦ Miami ♦ Buenos Aires

Las FARC
© Fernando López Trujillo, 2010

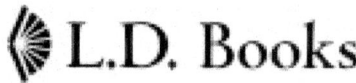 L.D. Books

D. R. © Editorial Lectorum, S. A. de C. V., 2010
Centeno 79-A, col. Granjas Esmeralda
C. P. 09810, México, D. F.
Tel. 5581 3202
www.lectorum.com.mx
ventas@lectorum.com.mx

  L. D. Books, Inc.
  Miami, Florida
  sales@ldbooks.com

  Lectorum, S. A.
  Buenos Aires, Argentina
  ventas@lectorum-ugerman.com.ar

Primera edición: mayo de 2010
ISBN: 978-1506-119700

D. R. © Portada: Victoria Burghi
D. R. © Foto de portada: Pedro Jorge Henriques Monteiro

Impreso y encuadernado en México.
Printed and bound in Mexico.

Introducción

"Nada más cruel e inhumano que una guerra.
Nada más deseable que la paz.
Pero la paz tiene sus causas, es un efecto.
El efecto del respeto a los mutuos derechos."

Jorge Eliécer Gaitán, en *El Combate* de Costa Rica, 1933.

Una cerrada selva se extiende desde el mismo corazón de América del Sur hacia los bordes, configurando un cerco opresivo y amenazante sobre la mayoría de las repúblicas que conforman la juvenil UNASUR. Venezuela, Brasil, Colombia, Perú, Ecuador, Bolivia y las Repúblicas de Guyana y Surinam, junto con el territorio de la Guayana Francesa, comparten un común infierno verde. A tal punto se evidencia su presencia virgen y acosadora que el departamento que constituye más de la mitad del territorio de Surinam no tuvo existencia sino hacia 1983, y al principio se lo llamó simplemente Binnenland, término que podría traducirse como "tierra de adentro". Maquinarias de Estado colosales e imponentes, como la de Brasil, palidecen hasta su casi evaporación cuando el ciudadano del siglo XXI intenta internarse en la "floresta".

La gigantesca Amazonia acorrala contra las costas a la población del subcontinente. Pero la Amazonia es también la reserva de los dos tesoros más preciosos de este planeta acosado por la polución industrial: agua dulce y oxígeno. Guarda, además, una extraordinaria, diversa y exuberante multitud de especies vegetales, algunas de ellas aún desconocidas. Hay allí medicinas secretas, venenos poderosos y riquezas minerales sin límite; o sí. Quizá el límite llegue algún día merced a la reconocida codicia humana.

Tampoco había entrado aún en el reino de los mapas y el conocimiento geográfico pormenorizado el pequeño territorio de Marquetalia, frente a la selva del Putumayo colombiano, cuando un ejército de miles de hombres apoyados por cazas y bombarderos se descolgó sobre las humildes "chabolas" de los indígenas, colonos y refugiados para aniquilar el "descubierto" nido de la subversión comunista en Latinoamérica. Eran los primeros años de la década de 1960. Algunos campesinos autonomistas, unos pocos guerrilleros liberales y comunistas, sobrevivientes de la masacre que les impusiera el conservadurismo triunfante en la guerra civil, resistieron como pudieron el embate, quebraron el cerco y se dispersaron en el extremo noroeste de ese perfecto rombo acostado, la oscura masa verde que llena el corazón sudamericano. Nacía allí para la historia la experiencia guerrillera más longeva del subcontinente. Manuel Marulanda Vélez, alias Pedro Antonio Marín, alias "Tirofijo", al mando de cuarenta y ocho guerrilleros sobrevivientes, fundaba el Bloque Sur de las Fuerzas Armadas Revolucionarias de Colombia, FARC.

Una historia de enfrentamientos

La tardía fecha –quizá el 27 de mayo de 1964– no es, por supuesto, el inicio de la violencia en la sociedad colombiana. En general se acepta que, aunque la violencia social hubiera podido ser endémica en Colombia, tiene una emblemática fecha de nacimiento con el asesinato del líder liberal Jorge Eliécer Gaitán, en abril de 1948, muerte que provocara el estallido popular conocido como Bogotazo.

Pero ciertamente la violencia no nació allí. ¡Sí, el mismo siglo comenzó en Colombia con una contienda armada! La llamada Guerra de los Mil Días (1898-1902) enfrentó a los liberales –bastante maltrechos por su marginación del poder– con el gobierno autoritario del conservador Manuel Antonio Sanclemente. Los liberales fueron hegemónicos en el país desde la revolución que independizara Nueva Granada de la dominación hispánica, pero la dispersión política, común por otra parte a la mayoría de las nuevas repúblicas independientes, en contraste con la notable continuidad del imperio brasileño, había llevado a un sector del liberalismo al convencimiento de la necesidad de un Estado fuerte y centralizado. Ya en 1886, la creciente hegemonía conservadora se había expresado en una nueva Constitución que abolía el federalismo. La rebelión de las diezmadas fuerzas federalistas se inició con el asalto a la ciudad de Bucaramanga, pero pronto fueron derrotadas, aun cuando contaba con el apoyo del gobierno venezolano de Cipriano Castro.

En el medio se tramitaba la concreción del demorado proyecto del canal transoceánico por la provincia de Darién, en la actual Panamá. El interés norteamericano en la cuestión era indisimulable, y el gobierno conservador contaba con ese apoyo. No será casualidad que la paz provisoria entre los contendientes se firme a bordo del *USS Wisconsin*. Estados Unidos era un mediador abrumado de parcialidad, que alentaría la secesión panameña un año después, a modo de asegurarse a perpetuidad la posesión del canal.

Los años 30 supusieron un agotamiento de la hegemonía conservadora; la crisis internacional con epicentro en los Estados Unidos significó, paradójicamente, un alivio para los colombianos. La dura dependencia impuesta sobre Colombia se aflojó un tanto al ritmo de las dificultades metropolitanas, y los liberales llegaron al gobierno e instauraron lo que se dio en llamar la República Liberal, que se extendería hasta 1946.

Fue en realidad el primer interregno de gobierno coparticipado liberal-conservador. Pero la elección del mencionado Jorge Eliécer Gaitán, un reconocido líder popular, como candidato a la presidencia precipitó los impulsos sediciosos de terratenientes y militares conservadores. La propia Iglesia Católica había participado de la oposición al tibio intento de reforma agraria que proyectara el gobierno de Olaya Herrera. Esa coalición reaccionaria será la visualizada popularmente como responsable del asesinato de Gaitán en 1948, más allá de que el atentado en sí jamás fue esclarecido, y se sospecha de la participación en el hecho de la propia Central de Inteligencia norteamericana (CIA).

Al estallido popular que pretendió incendiar el mismo palacio presidencial de Nariño y linchar a su ocupante Mariano Ospina Pérez, le sucedieron la dictadura de Laureano Gómez, la intervención del congreso y una espiral de violencia facciosa que ya no tendría fin. El golpe militar de Rojas Pinilla a principios de los años 50 pretendió establecer una tregua forzosa sobre el conflicto, pero el éxito de su misión dio por resultado la alianza de liberales y conservadores en su contra a través del Frente Nacional, que concluirá por expulsarlo del poder y forzar su exilio en España.

Si bien el nuevo pacto liberal-conservador reinstauró el régimen electoral, lo vició alevosamente al convertirlo en una institución absolutamente ilegítima. Por este pacto, liberales y conservadores se alternarían en el poder, repartiéndose por mitades la totalidad de los puestos públicos y excluyendo cualquier otra participación política por los próximos dieciséis años.

En esta exclusión ilegítima y en el inicuo monopolio oligárquico sobre las tierras productivas se funda la insurgencia campesina y popular que daría por resultado el nacimiento de organizaciones armadas como las FARC-EP, el EPL, el ELN o el Movimiento 19 de abril. Así, medio siglo de guerra civil, larvada o abierta, ha resultado en una naturalización del conflicto, en su cotidianeidad, al punto de perderse las motivaciones que lo originaran. Colombia respira desde hace siglos aires de violencia y conflicto social, de guerra civil y enfrentamiento de clases.

Un marco complejo

Desde hace décadas, cada nuevo gobierno que asume habla de paz; pero hace la guerra. Éste era el escenario a principios de los años 80, cuando un nuevo actor se introdujo en ese enrarecido ambiente. El auge del consumo de drogas y estupefacientes entre la población de los países centrales se convirtió en un jugoso negocio para las burguesías de los países periféricos ya entrenados en las economías de exportación de "ciclo corto". En Colombia se establecerá el complejo de producción coca-cocaína, sumando nuevos intereses y nuevas fuerzas beligerantes al morboso escenario de la conflagración indiscriminada.

Desde entonces, una insidiosa campaña de simplificaciones, desinformación, eslóganes y publicidad engañosa motorizada por las agencias de control del tráfico de sustancias ilegales y las de represión norteamericanas ha buscado oscurecer los verdaderos orígenes del conflicto político colombiano, tras la fachada de un problema policial. Su ocultamiento −qué duda cabe− no colabora en resolverlo, por el contrario lo prolonga, extendiendo también los sufrimientos de una población sistemáticamente martirizada.

Se atribuye a la guerrilla insurgente una colusión con el narcotráfico que, no importa qué opinión se tenga sobre el conflicto, se revela notablemente exagerada. Pero la capacidad que este comercio tiene de contaminar todas las napas de la sociedad colombiana también nos asegura que ninguna fuerza política o social puede estar al margen de las derivaciones de su economía.

En los breves capítulos que siguen, volviendo incluso varios siglos hacia atrás, trataremos de exponer las raíces del conflicto colombiano, porque son ellas las que nos iluminarán acerca de la lógica política que anima a los diversos contendientes.

Buscaremos luego retratar la emergencia de la implantación de la economía de la coca en Colombia, sin olvidar las últimas alternativas de este negocio: los plantíos de amapola dirigidos a la producción de heroína para su consumo en Europa y el mercado norteamericano.

No obstante el rótulo popularizado por Estados Unidos, que cuelga a la región el sambenito del "narcotráfico", muchos de los pobladores de estos países son "productores" de sustancias vegetales que se encuentran arraigadas en su cultura desde hace milenios, mientras que las actividades de transformación, transporte y comercialización (que a ello hace referencia el término "narcotráfico") se encuentran muy lejos de las capacidades y posibilidades del campesinado latinoamericano en general, y colombiano en particular.

En ese marco de violencia casi consustancial al estado de cosas, endémica, de grandes poblaciones rezagadas y de intereses económicos espúreos, debe ubicarse a las FARC. Ignorarlo sería pecar, deliberada o incautamente, de simplista.

Capítulo 1
La naturaleza colombiana

"La violencia no es planta natural del paisaje cultural chibcha. Ella vino de fuera y fue expresión de la arbitrariedad en la superposición de instituciones que violentaron una idiosincrasia serena, prudente y austera, nacida del paisaje [como] 'un rayo de sol germinando en el vientre de una esmeralda.'"

Diego Montaña Cuéllar

La cordillera de los Andes, que recorre el occidente sudamericano como un muro, se adentra en el sur de Colombia dividiéndose en tres cadenas independientes que recorren el país hasta el norte, configurando así tres regiones diferenciadas. Las cordilleras Oriental, Central y Occidental se ven complementadas al norte y hacia el Pacífico con un cuarto macizo serrano, denominado Cordillera de la Costa o del Baudó. Las depresiones entre estos cuatro nudos forman los cauces de los principales ríos de la región: el Cauca, el Atrato, el San Juan, el Patía y el Magdalena. Este último, el más caudaloso, es el verdadero demiurgo de Colombia, y por siglos ha sido la vía privilegiada de acceso al territorio y de comunicación entre sus apartadas provincias. No es la única de sus funciones; también constituye el nervio y motor de la economía y de la extensión de su cultura.

Popularmente identificada como tropical, Colombia tiene, sin embargo, una temperatura media relativamente baja. Las altas elevaciones andinas determinan que en Bogotá, por ejemplo, la temperatura media anual oscile entre los 6° y 17°, con picos invernales en enero de 10° bajo cero y máximas veraniegas que por lo general no superan los 28°.

La cultura de los autóctonos será naturalmente andina, por su inspiración y su hábitat. Las comunidades primitivas que encontraran los españoles a su llegada a la región de las altas planicies de Bogotá, Ubaté, Tunja y los Valles de Fusagasugá son conocidas por la denominación de chibchas que les adjudicara la conquista. Se trata en realidad del pueblo Muisca, y su lengua *muisca cubun* o *muyskkubun* fue común a todos ellos

17

desde el año 400 a. C. al siglo XVIII de nuestra era, cuando fue prohibido su uso por real cédula de Carlos III de España del 10 de mayo de 1770. De alguna manera, esta fecha nos da una aproximación cierta de la consumación de un genocidio cultural.

La conquista de los pueblos originarios

Por fortuna, sobreviven, sin embargo, hablantes de dialectos diversos de aquella lengua madre. Paradójicamente, la mayoría de estos *muisca* parlantes habitan en Centroamérica y el Caribe, muy pocos en el territorio de la propia Colombia. Tal parece que se los llamó *chibchas* como derivación del nombre de su dios tutelar Chibchacum. En lengua muisca, *chib* corresponde a los términos españoles *báculo* o *bastón*, y *cha* significa "hombre" o "varón". *Chibcha*, pues, vendría a representar entonces al "Hombre del bastón", figura del génesis aborigen a la que denominaban, precisamente, Chibchacum.

En el siglo XVI, esos nativos fueron identificados en sus cinco confederaciones, siendo las más importantes la de Bacatá, de donde proviene el nombre de la ciudad capital, y Hunza, que los españoles traducirán por Tunja. Investigaciones recientes estiman que estos pueblos reunían a más de un millón doscientos mil habitantes. Pero mucho de lo que se sabe de fuente primaria sobre estas comunidades agrícolas, organizadas en fuertes jefaturas de clanes que redistribuían tributos, nos lo ha legado Fray Pedro Simón, un religioso que compartió las aventuras de aquellos intrépidos españoles que se adentraron en esta región en el siglo XVI.

La conquista de estas mansas poblaciones no pudo haber sido más brutal. La imagen de El Dorado encendió la imaginación de los europeos y desató una voracidad tal que afectó gravemente la demografía de la región. Los pacíficos comuneros fueron organizados en cuadrillas de esclavos, aunque tal condición no fuera postulada por el rey hispano para los naturales de estas tierras. Curiosamente, en medio de tantos militares, será el jurisconsulto Gonzalo Jiménez de Quesada el designado por el gobernador de

Santa Marta como teniente general, al mando de la expedición que debía internarse por el río Magdalena en busca de sus nacientes.

Lo que siguió a esta decisión tuvo caracteres de catástrofe para estos pueblos. Toda resistencia fue inútil, y nuevos métodos de explotación de la tierra consumaron el salto de la economía comunitaria al feudalismo más atroz.

Por Provisión del 30 de octubre de 1503, se repartían del siguiente modo la población indígena entre los españoles:

"A los oficiales y alcaides de provisión real, darles cien indios; al caballero que llevaba su mujer, ochenta; al escudero con mujer, sesenta; al labrador casado, treinta..."

Por supuesto que las instrucciones prevenían sobre un previsible abuso:

"Aquellos a quien se dieren, no los han de gozar por vida, sino por dos años, o tres no más, e pasando aquello para otros, e ansí unos tras otros; e ansí les heis de señalar como por naborías e non como esclavos."

El término *naboría* proviene de los taínos que habitaban Cuba y las islas del Caribe, donde los españoles identificaron con ese nombre a un grupo de nativos que oficiaban de sirvientes del cacique. Luego, extendieron el uso de ese término a toda América. En verdad, el vocablo se asimila a la concepción europea del siervo medieval, puesto que los aborígenes eran vasallos de la Corona Real de Castilla.

La organización del despojo

No obstante la previsión oficial, las autoridades locales harán prevalecer la concepción de que para algunos pueblos la libertad puede ser dañina, y en consecuencia convienen establecer sobre ellos un gobierno despótico y de esclavitud. Se establecerá entonces que "es lícita la servidumbre de aquellos a quienes perjudica la libertad".

La libertad que les fue vedada a los naturales tenía como contrapartida el acaparamiento de sus heredades, de donde los indígenas vinieron a ser esclavizados en sus propias tierras ancestrales.

Desde la primera época de la colonización, los encomenderos, curas y colegios de misioneros se afanaron en apoderarse de las tierras de los indios. Muy pronto, el gobierno español intentó limitar esta corriente de desposesión y aseguró a las comunidades indígenas "resguardos de tierras"; como afirma Montaña Cuéllar:

"La dramática lucha por defender sus resguardos constituye el hecho que agita convulsivamente la vida de los pueblos y reducciones [...] En la desintegración de los resguardos se encuentra el origen de los primeros latifundios que alcanzaron pleno desarrollo, como consecuencia de las leyes de desamortización después de la independencia."

Aunque la ley siguió nominalmente defendiendo esos resguardos, la avidez de los españoles por la tierra de los naturales no habría de detenerse, y contó incluso con la complicidad de los corregidores y otras autoridades coloniales.

Pero la brutal explotación indígena deterioró de tal manera la fuerza de trabajo que forzó a los europeos a reemplazarla con el trabajo esclavo africano. Ya el ilustre fraile Bartolomé de las Casas, reputado defensor de las masas indígenas, preocupado por la escasez de mano de obra para la extracción de oro y plata, había propuesto a principios del siglo XVI:

"Salvemos de la ruina a las razas indígenas, y para hacer frente a las exigencias de la colonización, de la explotación minera sobre todo, importemos una raza para el trabajo de los climas tropicales; importemos negros africanos, en calidad de esclavos."

El consejo sería convenientemente recogido por las autoridades locales, que rápidamente y con entusiasmo se dedicaron a la importación de millares de seres humanos, que abarrotarían desde entonces las bodegas de los barcos negreros.

La división en castas, instituida por los colonizadores, tuvo como consecuencia fundamental la imposibilidad de integración social de las nuevas sociedades de Latinoamérica. Quienes dirigieron y consumaron la independencia configuran sólo un sector insular minoritario de las sociedades latinoamericanas, apenas una élite criolla que enfrentó a otra élite española en una mar de masas y castas subordinadas y rencorosas.

Era natural entonces que las luchas de independencia apenas involucraran a los indígenas y descendientes de africanos. Cuando su participación no fue forzada por los criollos rebeldes, españoles nacidos en América, se dio muchas veces voluntariamente, pero contra éstos, ya que los indígenas los visualizaban como sus verdugos directos. Aunque esta lucha apareciera como de emancipación nacional, fue más bien un proceso de guerra civil entre distintas agrupaciones comerciales, indistintamente representadas por criollos o peninsulares. En otras palabras, la independencia de España no liberó a los indios de su servidumbre ni a los esclavos de su esclavitud. Estos últimos recién obtendrían su manumisión limitada en 1850, por decreto del gobierno del general José Hilario López.

Las repúblicas latinoamericanas resultantes, y Colombia no es una excepción, llevan impresas en sus primeras estructuras las contradicciones de sus "padres libertarios"; fundaron en la "soberanía popular" sus constituciones, aunque conservaron la servidumbre indígena, la esclavitud negra, la sujeción a los dogmas católicos y el descanso de sus nuevas instituciones liberales sobre la plácida base de las relaciones feudales.

Entre 1821 y 1826 no hay en Colombia sino liberales y algunos que se sentían jacobinos por su posición más radical. Pero estos mismos próceres y caudillos fueron premiados con grandes haciendas, y se convirtieron en terratenientes mediante el despojo indígena y su explotación en las minas y labranzas.

Injerencia británica

Estas "contradicciones" de los libertadores —que según una óptica menos ingenua resultan escasamente contradictorias— se extienden a la persona del más destacado de sus líderes libertadores, el general Simón Bolívar. Una conspiración contra su gobierno vitalicio en septiembre de 1829 lo llevó al dictado de una abundante legislación represiva. En este marco se dio la circular del 20 de octubre de aquel año, donde se dice:

"Los escandalosos sucesos ocurridos en esta capital, a consecuencia de la conspiración que estalló el 25 de septiembre último, y la parte que tuvieron en ellos algunos jóvenes estudiantes de la Universidad han persuadido al Libertador Presidente, que sin duda el plan de estudios tiene defectos esenciales. Su Excelencia [...] ha creído hallar el origen del mal en las ciencias políticas que se han enseñado a los estudiantes. El mal también ha crecido por los autores que se escogen para el estudio de los principios de legislación, como Bentham y otros que, al lado de máximas luminosas, contienen muchas opuestas a la religión..."

Esta república de terratenientes requirió para ser fundada del concurso de las nacientes economías capitalistas, deseosas de abrir nuevos mercados para sus manufacturas y sus préstamos financieros. Desde un principio, los banqueros ingleses fueron activos en la financiación de las operaciones de compra de armas por parte de los patriotas americanos a sus connacionales británicos, que de hecho participaban solidariamente en los campos de batalla de la Gran Colombia, y en diversas empresas menos publicitadas en otros lugares del Caribe.

Como consecuencia de las necesidades de guerra para 1822, estas repúblicas contrataron en Londres un nuevo empréstito de dos millones de libras esterlinas para cancelar intereses vencidos de una deuda anterior por la misma cantidad. Un año después, el general Santander, en uso de las facultades presidenciales por ausencia de su titular Simón Bolívar, que se encontraba peleando las batallas decisivas de la independencia de América del Sur, contraía un nuevo empréstito en la capital británica por cinco millones de libras, destinadas a equipar el ejército que vencería definitivamente en Ayacucho.

Para 1834, los intereses seguían creciendo. Dividida la Gran Colombia en tres repúblicas con el nacimiento de Ecuador y Venezuela, a la remanente Nueva Granada le correspondió una deuda de 4'903,150 libras esterlinas. La fecha marca también el nacimiento de la deuda externa colombiana y su dependencia de Gran Bretaña primero, y de los Estados Unidos después.

En 1872, cuando gobernaba el país el doctor Murillo Toro, éste declaró que Colombia no podría honrar su deuda, puesto que ella representaba 33% de todos los ingresos fiscales. Los bonos, expresión de esa deuda, se cotizaban en el mercado inglés, aunque sus tenedores y beneficiarios eran en buena parte, si no mayoritariamente, miembros de las clases pudientes colombianas, que reaccionaron indignadas frente al *default* de su gobierno.

La nueva explotación agraria

La fecha de 1851 marca el fin de la esclavitud en Colombia, y al mismo tiempo la eliminación de los "resguardos de indios". Ambas medidas tienen relación directa con otro elemento fundamental para el diagnóstico que buscábamos al inicio de este capítulo: el "monocultivo". Por entonces se expandía la economía tabacalera y crecía la explotación del café. Este último requería de una fuerza de trabajo más dedicada y eficiente que la mano de obra esclava, no es casual que en Brasil el cultivo de café se haya desarrollado con trabajadores asalariados, suponiendo esta modalidad la decadencia definitiva de la explotación esclava en el imperio, que recién sería abolida definitivamente a fines de siglo.

Pero la eliminación de los resguardos de tierras (su reparto entre las familias aborígenes) tuvo un efecto aún más poderoso. Éste fue el de generar un inmenso mercado, que obligó a los indígenas a enajenar las parcelas comunitarias y generó su desplazamiento a las tierras calientes e inhóspitas del valle del Magdalena para cultivar tabaco. Como dice Montaña Cuéllar:

> "Los indios vendieron a vil precio sus propiedades a los gamonales de sus pueblos y se convirtieron en arrendatarios de las grandes haciendas..."

Eso cuando no en peones asalariados en sus tierras ancestrales.

El monocultivo, y las economías de exportación de "ciclo corto" son, como su nombre lo indica, economías sumamente inestables. Hacia 1880, la actividad tabacalera comenzaba su crisis: la hoja de tabaco sometida a largos viajes llegaba deteriorada y perdía calidad; cultivos y selecciones de superior nivel la fueron expulsando del mercado europeo. El reemplazo llegó por la vía del añil y la quina como cultivos tropicales alternativos. Su exportación también sería efímera, y su momentáneo éxito se basó en los elevados precios que estos productos recibían en Europa a fines de siglo, motivados por la crisis en la India. Cuando allí se restableció la producción de colorantes para la industria textil, se desplomó la iniciativa colombiana. Lo mismo ocurriría con la quina, que no resistió la competencia de otras regiones coloniales que utilizaban mejores técnicas de cultivo y producción.

El café, sin embargo, se constituiría en el principal producto de exportación de la economía colombiana, y a la vez en la actividad más estable y prolongada. En buena parte, esta circunstancia derivó de las condiciones geográficas y climáticas óptimas en que se desarrolló su cultivo en el país.

Estas iniciativas del capitalismo en Colombia requerían de la expansión del ya mencionado mercado de tierras. Y un obstáculo importante para su constitución —aparte de los resguardos indígenas— lo constituían las tierras en manos de la Iglesia. Como en otros países americanos, los liberales encabezaron la ofensiva privatista sobre las posesiones eclesiásticas que Carlos Marx describiera con tanta profundidad en el famoso capítulo XXIV de su libro *El capital*: "La acumulación originaria".

Para 1861 se promulgaron dos decretos sustantivos. El primero disponía la adjudicación al Fisco de todas las propiedades de corporaciones civiles y eclesiásticas, establecimientos de educación, de beneficencia o caridad, indemnizables por el valor de la renta que producían; el segundo establecía la salida a remate de estas propiedades, que habrían de comprarse con bonos de la deuda pública, por lo que resulta ocioso averiguar quiénes habrían de comprarlas. La Iglesia declaró desde el inicio excomulgados a quienes adquirieran esos bienes, pero los beneficiarios fueron militares y gentes amigas del gobierno, que consideraron que tal excomunión podría redimirse, seguramente, con dinero.

Y ese dinero fluía a manos llenas entre los asociados al gobierno, porque ciertamente las grandes fortunas colombianas siempre se hicieron a la sombra del Estado. Por supuesto, tampoco es ésta una modalidad particularmente colombiana en el concierto latinoamericano. La identidad entre élite dominante en lo económico y personal administrativo y directivo del Estado será la que conforme las distintas oligarquías latinoamericanas, que se han caracterizado, justamente, por el ejercicio monopólico del poder público.

La lucha por el poder

Así, la sangrienta cadena de revoluciones que anegaron el país durante el primer siglo de su vida independiente, y devoraron centenares de millones de la riqueza pública y privada, dejando en la miseria a millares de familias humildes, tiene su origen en la disputa por la posesión del poder político que asegura beneficios económicos a sus asociados. De 1830 a 1903 ocurrieron en Colombia veintinueve alteraciones del orden constitucional, nueve grandes guerras civiles nacionales, catorce guerras civiles locales, dos guerras internacionales con el Ecuador, tres golpes cuarteleros y una fracasada conspiración. Esta última, de carácter conservador, fue la ahogada en germen por el gobierno del presidente Santander, en 1839.

Este extenso conflicto, que las fuentes históricas suelen referir como las "luchas entre conservadores y liberales", contiene una realidad escamoteada o quizá desatendida en esos mismos relatos: es la de los millares de muertos, desaparecidos, mutilados y emigrados de las clases populares que participaron como carne de cañón en estas contiendas. Tan sólo en la llamada Guerra de los Mil Días (1899-1902) perecieron más de cien mil hombres; los heridos y mutilados fueron incontables; otros centenares de miles, sus deudos, padecerían el hambre de una crisis que el país tardaría muchos años en remontar. Como expresa Montaña Cuéllar:

"Propiciando aún más la matanza, el ministro de Guerra José Vicente Concha ordena a los comandantes de columnas que, como los ascensos se han venido confiriendo con una largueza tal que hasta los alcaldes y prefectos han hecho coroneles y generales, en lo venidero este Despacho será la única entidad que los otorgará, advirtiendo que el requisito indispensable para ascender de Mayor a Teniente Coronel será que el agraciado haya dejado por lo menos 100 muertos en combate..."

Este "requisito" da un índice del valor de la vida humana, más allá de relacionarlo con un número o dato estadístico.

Estados Unidos en acción

Mientras la burguesía colombiana dirimía ferozmente sus pleitos, un nuevo patrón convocaba a la obediencia a la agitada región. Estados Unidos reemplazaría a Gran Bretaña como polo de la relación imperial, y así, aprovechando los conflictos internos, financió la secesión del istmo panameño. En 1903 se proclamaba la independencia de Panamá y sus nuevas autoridades firmaban con las norteamericanas un tratado por el que los Estados Unidos se aseguraban la posesión a perpetuidad del canal a construirse próximamente.

Del escaso patriotismo de la clase gobernante colombiana dan cuenta no sólo su tímida reacción frente a la secesión panameña, sino aún más, la extraña teoría elaborada diez años más tarde para compensar psíquicamente la pérdida. Se trata de la llamada tesis de "la estrella polar" que se atribuye a Marco Fidel Suárez, un destacado lingüista de la época. Pretenciosa en la forma, la tesis postulaba:

"Quienquiera que observe el poderío de la Nación de Washington, su posición en la parte más privilegiada de este continente, sus influencias sobre los demás pueblos americanos de los cuales ella se ha llamado hermana mayor, lo atenuadas que en comparación van siendo las de las potencias europeas, y lo insignificantes que en mucho tiempo tienen que ser las de los pueblos asiáticos; [...] Siendo esto así, el norte de nuestra política exterior debe estar allá, en esa poderosa Nación [...] si nuestra conducta hubiera de tener un lema que condensase esa aspiración y esa vigilancia, él podría ser *res pice polum* –'mirar piadosamente hacia el Polo'–, es decir, no perdamos de vista nuestras relaciones con la Gran Confederación del Norte."

Más allá de lo discutible de esta formulación, ciertamente ésta ha gobernado la política exterior de la Nación colombiana durante todo el siglo XX, y es posible incluso ver una reafirmación de ella en el siglo XXI.

Oro negro

La forma de ingreso del nuevo amo imperial se realizó mediante la inversión petrolera. Esta industria exige inversiones cuantiosas, fuera del alcance de las atrasadas economías nacionales de los países latinoamericanos. En un comienzo, la legislación respectiva cuidó el principio heredado de la colonia hispana que prescribía que todas las minas "y entre ellas los bitúmenes o jugos de la tierra" pertenecían a la Corona, y, por traslación, al Estado colombiano. Pero los inversores estadounidenses buscaban ser propietarios de los yacimientos y en lo sucesivo abundarán las presiones para cambiar la legislación nacionalista.

Los estadounidenses alcanzarían sus anhelos durante el gobierno de Enrique Olaya Herrera, un antiguo político liberal que fuera embajador colombiano en Washington y propiciara de buen grado todas las intervenciones militares norteamericanas en América Central. Éste impuso la tesis de aprovechamiento máximo del recurso petrolero, y la eliminación de todas las trabas opuestas al desarrollo de la industria. Por supuesto, ni el Estado colombiano ni los particulares de esta nacionalidad contaban con la técnica y capitales requeridos para la explotación. Se propiciaba así la concesión del subsuelo al capital extranjero, con la ambición de obtener de allí alguna participación fiscal.

Sin embargo, por décadas nada avanzaría en cuanto a la explotación de las probadas reservas petroleras colombianas. Entretanto, se desarrollaban ingentes perforaciones en el venezolano golfo de Maracaibo, por lo cual las presiones empresarias ya referidas tenían por objeto asegurarse reservas petrolíferas para el futuro, más que el ingreso en la explotación directa. En veinte años, desde 1931 hasta 1951, Colombia pasó de producir dieciocho millones de barriles a treinta y ocho millones; Venezuela, por su parte, multiplicaba sus ciento dieciséis millones de barriles a seiscientos veintidós millones.

La masacre de 1928

Una expansión más destacada tendrían las plantaciones de banano de la célebre United Fruit Co., que ya a fines del siglo XIX poseía 180 kilómetros de ferrocarril propio y centenares de miles de hectáreas en Santo Domingo, Honduras, Guatemala, Panamá, Cuba, Nicaragua, Jamaica y Colombia.

En Colombia, la "frutera" se adueñó a principios del siglo XX del ferrocarril de Santa Marta, construido por la Colombian Land Company, que trasportaba azúcar y posteriormente banano de sus crecientes plantíos. Hacia 1928, la United obligaba a sus trabajadores a firmar contratos que señalaban la no responsabilidad de la compañía del pago de prestaciones sociales, accidentes de trabajo, descanso dominical y cualquier otro beneficio. Por entonces, la Unión Sindical de Trabajadores del Magdalena presentó un pliego que sintetizaba sus principales demandas, entre las que se destacaban: seguro colectivo obligatorio para obreros y empleados, indemnizaciones por accidente de trabajo, habitaciones higiénicas y decentes para los cosechadores, eliminación de los pagos con vales y de la imposición de los almacenes "de la empresa", liquidación semanal de los jornales y el establecimiento de salas médicas por cada cuatrocientos trabajadores asentados. Acostumbrada a no encontrar obstáculos al despliegue de su omnipotencia, la gerencia de la compañía desconoció íntegramente el pliego presentado. El 12 de noviembre de ese año se declararon en huelga más de veinticinco mil trabajadores.

La patronal de la United Fruit solicitó entonces el apoyo del gobierno, que "solidariamente" ocupó con el ejército la región. El presidente de la Nación, Miguel Abadía Méndez, ordenó incluso que debía ser inmediatamente pasado por las armas "cualquiera" que fuera sorprendido en "actos huelguísticos". Tan celoso de su amistad con la compañía era el gobierno que su delegado en la región, el general Carlos Cortés Vargas, puso preso al inspector nacional de Trabajo, funcionario del mismo gobierno que había declarado legal el paro obrero. El corte de unos cables telegráficos permitió al gobierno declarar subversivo al movimiento. Sin embargo, unos días más tarde, el gobernador del departamento prometió trasladarse hasta la localidad de Ciénaga para mediar en el conflicto.

Una inmensa multitud de trabajadores con sus familias fue a esperarlo a la estación del ferrocarril, con la esperanza de que fueran escuchadas algunas de sus peticiones. Pero el gobernador no apareció y la respuesta la dio el general Cortés Vargas: hacia la una de la madrugada del 6 de diciembre de 1928, el militar ordenó a su tropa ametrallar a la multitud que acampaba en la plaza. No debía ser poco el gentío, porque aunque Cortés Vargas reconoció la muerte de nueve personas, el embajador norteamericano Jefferson Caffery envió un informe a su departamento de Estado donde señalaba que los cadáveres superaban el millar.

La masacre quiso ser ocultada por el gobierno, pero la rápida publicidad de los hechos tornó imposible su objetivo. Jorge Eliécer Gaitán, que comenzaba entonces su carrera política, se constituyó personalmente en la zona bananera y encabezó una comitiva de investigación legislativa. El escándalo conmovió al Parlamento de Colombia que aprobó una ley que ordenaba la revisión de los procesos verbales y anulaba las condenas dictadas por las autoridades provinciales. Desafortunadamente, el desconcierto producido entre los huelguistas por la feroz represión estatal los llevó a negociar en una situación de debilidad. El paro fue levantado rápidamente, aunque lo conseguido distaba enormemente de las demandas contenidas en su pliego de peticiones. Apenas si alcanzaron la mitad del incremento de salarios anhelado, pero ello no significaba poco para estos trabajadores: triunfaba la primera huelga obrera contra una empresa multinacional en Colombia.

Capítulo 2
VIENTOS REVOLUCIONARIOS

> "Ninguna mano del pueblo se levantará contra mí y
> la oligarquía no me mata, porque sabe que si lo hace,
> el país se vuelca y las aguas demorarán cincuenta
> años en regresar a su nivel normal."
>
> Jorge Eliécer Gaitán

En Colombia, y junto con la rebelión obrera, destacaba la aparición, por primera vez con tan notoria visibilidad, del socialismo revolucionario que alentaba a muchos dirigentes agrarios. Desde que el caudillo liberal Rafael Uribe Uribe, asesinado en 1914, fijara para los liberales de izquierda la necesidad de "informarse en las canteras del socialismo europeo", las masas desposeídas de Colombia se orientaron hacia el liberalismo popular. Inspirado por intelectuales de izquierda del liberalismo, era muy difícil establecer una frontera de separación entre el Partido Socialista y el Partido Liberal colombiano.

En 1924 se produjo la histórica conferencia en que fueron aceptados los veintiún puntos para integrar la Internacional Comunista; dos años después se fundó el Partido Socialista Revolucionario (PSR), que seguiría en Colombia las tesis de Lenin en busca de constituirse en un partido proletario, cosa que sus orígenes desmentían. A instancias de la propia Internacional, se gestará en julio de 1930 la transformación de este partido socialista, mechado de liberales, en el Partido Comunista de Colombia.

La crisis económica de 1930 tuvo consecuencias paradójicas para Colombia. En el mundo entero y en la propia Latinoamérica emergieron regímenes de derecha admiradores del fascismo italiano, cuando no, del propio nazismo alemán. En cambio, en Colombia se vivió el regreso al poder del Partido Liberal tras cuarenta y cinco años de dominación conservadora. Muchos de aquellos liberales-socialistas se volcaron a la participación electoral en las listas del liberalismo para el Senado, la Cámara de Diputados, las Asambleas Departamentales y Concejos Municipales, y el episodio se convirtió en su debut político en las contiendas civiles. Un pleno ampliado del PSR (en el que participaron trabajadores urbanos, como el albañil David Forero; rurales de la zona bananera, como José Ruso; y representantes de los indios del Tolima y del Cauca, como José Gonzalo Sánchez) declaró entonces fundado el Partido Comunista Colombiano (PCC). Muy pronto su militancia se destacaría en la organización del campesinado de la zona cafetera de Viotá, constituida por grandes latifundios explotados en forma feudal; también en las regiones indígenas del Tolima y el Cauca, y en las vertientes de la Sierra Nevada de Santa Marta.

Los terratenientes desataron de inmediato una represión indiscriminada contra el nuevo movimiento campesino y popular y, por primera vez, los campesinos lucharon por sus propios intereses contra las bandas armadas de los latifundistas. Hubo muertos, heridos y prisioneros políticos, pero la resistencia campesina había nacido y ya no podría ser doblegada con facilidad.

El liberalismo renovador

A la demanda perentoria de una vasta población empobrecida respondía el antiguo liberalismo con una renovación que prometía aliviar sus padecimientos. En 1934 asume la presidencia el doctor Alfonso López Pumarejo, distinguido periodista liberal reconocido por su combate al régimen. Su hegemonía en el liberalismo ya era notoria en 1930, cuando había facilitado la candidatura de Olaya Herrera al lograr dividir en las elecciones de ese año al partido Conservador. En 1934, ya sin los recursos del poder a su alcance, el conservadorismo no podría impedir el triunfo de lo que López Pumarejo llamó Revolución en Marcha, un conjunto de reformas en el ámbito constitucional, agrario, tributario, judicial, universitario, laboral y de política internacional. Estas reformas podían homologarse con las llamadas *reformas democrático-burguesas* exigidas como programa por el Comintern, del cual el PCC se decía seguidor. Pero, no obstante, enfrentó en solitario al liberalismo triunfante con la candidatura de un noble indígena del Tolima, Eutiquió Timoté, quien obtuvo menos de 1% de los votos. López Pumarejo sintetizó su gestión como:

"El deber del hombre de Estado de efectuar por medios pacíficos y constitucionales todo lo que haría una revolución por medios violentos."

Su primer esfuerzo debió dedicarlo a la negociación de la deuda externa soberana del Estado colombiano que asfixiaba la economía. López sostenía que, por respetar el criterio de pagar a los acreedores extranjeros, los pueblos latinoamericanos eran arrojados a la miseria; se cerraban escuelas, se abandonaba la asistencia pública, los bancos centrales de estas naciones padecían el vaciado de sus reservas, y no sólo la estabilidad monetaria se encontraba cuestionada sino la propia estabilidad política. Su gobierno obtuvo la moratoria de su deuda externa e impuso el mismo criterio respecto a la interna. Todas sus medidas contaron con la protesta indignada de las clases pudientes que sentían que se afectaban sus derechos adquiridos. Pero aun así, nada enervaría a tal punto la furia reaccionaria como su política agraria.

Crece la agitación rural

Frente a los primeros intentos de los campesinos por ocupar las tierras incultas que reclamaban como propias, los terratenientes respondieron con la represión de sus guardias armadas, pero esta vez agregaron la novedad de constituir un movimiento rural de carácter político que llamaron APEN, con el objetivo expreso de derrumbar la "República Liberal" que amenazaba sus privilegios y, en lo inmediato, presionar sobre el poder político para forzar su participación en la represión al campesinado. Nacían las guardias parapoliciales de la derecha, que tendrían un oscuro, aunque dilatado, destino en la sociedad colombiana.

A las presiones corporativas de la burguesía agraria contestó López Pumarejo con un documento memorable que intentaba fundar una nueva política agraria. El presidente reconocía en un principio la demanda de los propietarios (que se respetase la intangibilidad de su propiedad privada), pero proseguía ccon matices sobre la rigurosidad de este paradigma, dada la situación de exclusión absoluta para su goce por parte de la población campesina e indígena, y concluía:

"Lo que sí no está dispuesto a hacer el gobierno es a sofocar toda aspiración de mejoramiento económico con la aplicación sangrienta de los conceptos jurídicos que permiten el abuso ilimitado del derecho de poseer tierra sin explotarla, y que en ocasiones autorizan la expropiación sin indemnización, cuando ella se aplica a los colonos y arrendatarios."

Aun en su modestia, el nuevo temperamento gubernamental desató la ira de las clases acomodadas del campo, que nunca habían sufrido tal desaire de parte de su Estado.

"La propiedad, tal como la entiende el gobierno, no se basa únicamente en el título inscrito, sino que tiene su fundamento en la función social que desempeña, y la posesión consiste en la explotación económica de la tierra..."

No se trataba por supuesto de socializar la propiedad de la tierra, sino de ponerla al servicio del desarrollo capitalista del país. Pero aun este criterio tendría vastas resistencias en la clase dominante. En lo inmediato, la agitación agraria fue llevando a la Convención Constituyente de 1936 que, dada la ausencia de participación de los conservadores, fue asumida en soledad por el liberalismo. Los conservadores, huérfanos de cualquier consenso popular, se ocuparon, bajo la influencia del falangismo español y la dirección de Laureano Gómez, de la constitución de bandas armadas, que se dieron a los atentados y el terrorismo contra connotados liberales. El agrupamiento se autodenominó Acción Intrépida.

La reforma constitucional de 1936 tuvo algunos avances significativos, como la consagración del derecho de huelga, la libertad de cultos y la enseñanza pública gratuita y obligatoria. También buscó generar respuesta al conflicto agrario; en este sentido se proponía establecer la propiedad del Estado colombiano sobre los terrenos baldíos, definidos como no sujetos a explotación, desconociendo los títulos alegados por terratenientes, con el objeto de constituir una bolsa de tierras para calmar la escasez que sufrían colonos y campesinos indígenas. Pero la ley que salió del homogéneo "Parlamento liberal" no dio tierra a ningún colono. En cambio, sirvió de alerta a los latifundistas, quienes limpiaron de arrendatarios y aparceros sus posesiones territoriales.

Tras una década de agitación agraria, el magro resultado desilusionó a las masas rurales, que dejaron de confiar en las instituciones democrático-legales. Para colmo, las buenas intenciones del radicalismo liberal asustaron a los sectores más timoratos del liberalismo, y los empujó hacia la derecha partidaria que triunfaría de la mano del doctor Eduardo Santos en 1938. Se inicia entonces la llamada "Gran Pausa", un período de intenso accionar represivo que desembocaría en la dictadura militar del general Gustavo Rojas Pinilla.

El proceso de acelerada industrialización por sustitución de importaciones puesto en práctica en Colombia durante la Segunda Guerra Mundial movilizó ingentes masas urbanas y rurales para las que la estructura del Estado no estaba preparada. Esto obligó a multiplicar los órganos de intervención estatal. Carente de afinidades populistas, como las representadas por otros dirigentes políticos en la América Latina de entonces, el gobierno colombiano se dio a la tarea de minar la potencia de la Confederación de Trabajadores Colombianos (CTC), hegemonizada por los comunistas, a través de la coacción y el soborno de los dirigentes liberales proclives a la negociación. Promovieron también el pasaje de afiliados a la Unión de Trabajadores Colombianos (UTC), una organización creada por elementos gubernamentales y del clero católico.

Como ocurriera ya en el pasado, la derechización del partido liberal en el gobierno forzó la aparición de líderes más consustanciados con las demandas populares, como Jorge Eliécer Gaitán.

Matanzas sin fin

La división del liberalismo permitió, en lo inmediato, el triunfo del conservador Mariano Ospina Pérez, y el aglutinamiento de la oposición, mayoritaria, tras la figura del caudillo popular Gaitán. Sólo en este contexto tiene significado su asesinato el 9 de abril de 1948. Como dijera el mismo Gaitán en un mitín:

"El hambre, la miseria, la desnutrición, el paludismo, la anemia, la ignorancia, no son liberales ni conservadores, sino producto de la opresión oligárquica."

La muerte del caudillo bogotano no fue un relámpago en un cielo sereno. Por el contrario, estuvo precedido y continuado por abrumadoras masacres y atentados contra las clases populares. Las llamadas Comisiones de Chulavitas, bandas de delincuentes contratadas por latifundistas y empresarios conservadores, generaron un baño de sangre en las poblaciones de mayoría liberal o identificadas con el liberalismo. El sacerdote católico Germán Guzmán ha dejado importantes testimonios sobre la faena de las bandas parapoliciales.

Pero es la misma policía la que en los últimos meses de 1947 asesina a una familia entera de campesinos liberales en Cucutilla (al norte de Santander). En esa ocasión –como ocurriría con demasiada frecuencia–, los policías actuaron al día siguiente de notificar a los pobladores liberales que debían emigrar de la región. Los desventurados lo fueron por su morosidad para ponerse en movimiento.

En octubre del 1947 es asaltado, incendiado y saqueado el caserío de Ceilán en Bugalagrande. Toda la población es asesinada, de allí los criminales pasan a San Rafael, otro poblado cercano, donde dejan otros veintisiete cadáveres. El 22 de aquel mes son ametrallados centenares de campesinos que asisten a una conferencia en la Casa Liberal de Cali. En Líbano, en el Tolima, son masacrados más de seis mil pobladores en un solo día.

En la Mesa del Limón, Municipio del Chaparral, son asesinadas trece personas; "la cabeza de un niño de tres meses y la de su padre quedan sobre estacas".

En Dolores son asesinados nueve campesinos. En Villamil, en Cucuy, en el valle del Cauca y el Magdalena, la sangre inunda las sementeras abandonadas. Éste es el paisaje que dará origen a las autodefensas campesinas.

En un principio, los liberales del llano, latifundistas y propietarios ganaderos vieron con buenos ojos que el campesinado tomara a su cargo la autodefensa contra las exacciones conservadoras. Pero la peonada suele plantear exigencias de mejoramiento social, le impone a los propietarios contribuciones de ganado para el sostenimiento de las guerrillas, e incluso hablan ahora de cambios en las estructuras y en las relaciones de propiedad. Antes del fin de esa década dejarán de ser llamadas de *autodefensas* para pasar a ser denominadas *cuadrillas de bandoleros*.

Los liberales continuarán con su recaudación monetaria, pero ahora orientarán sus contribuciones a "retribuir a la tropa que se sacrificará haciendo la pacificación."

El ejército instala retenes de cincuenta, treinta o veinte soldados para contener las incursiones guerrilleras que apenas cuentan con armamento. Se crean las "guerrillas de paz", cabecillas civiles y baqueanos de la región conducidos por oficiales y suboficiales del ejército. Las fuerzas parapoliciales continuarían llenando páginas de negra historia.

Guerrillas y guardias rurales

La participación de las Fuerzas Armadas en la guerra de policía instaurada por el gobierno conservador contribuirá a la corrupción y su descrédito frente a la población. Muy pronto, los comandantes militares se convertirán en grandes arreadores de ganado. La represión no tiene otro carácter que el de genocidio; el debut militar en la hacienda de la Gilera del Batallón Vargas da por resultado el fusilamiento de veinte campesinos desarmados. El mismo comandante de aviación Rafael Camargo Brandt denuncia la política de amedrentamiento que consiste en bombardear los poblados campesinos con prisioneros vivos arrojados desde los aviones. O el morboso comercio de orejas humanas, artículo que se premia con largueza en los cuarteles.

La pacificación fracasa, pero la intervención militar ha gestado paradójicamente fuerzas guerrilleras numerosas y armadas a expensas del ejército legal, y jefes políticos fogueados en la técnica militar. Uno de ellos fue Guadalupe Salcedo, famoso por conducir en 1952 la toma del municipio de Orocué, en los llanos orientales a orillas del río Meta, donde causara casi un centenar de bajas al ejército gubernamental. Otros jefes destacados son Saúl Fajardo en las riberas del Magdalena, o el comando de Juan J. Franco en Antioquía. Un oficial de la Policía Nacional se alza contra el gobierno y se hace fuerte en Santander, cerca de San Vicente de Chucurí a principios de la década de 1950. Se trata del capitán Rafael Rangel, que con setecientos hombres derrota en San Vicente a un ejército superior causándole más de doscientas bajas.

También el Partido Comunista de Colombia expande durante estos años su accionar guerrillero, sobre todo en la región del Tolima. En 1952 colaboró en la organización de la Conferencia Nacional de Guerrilleros, reunida en Boyacá con el propósito de coordinar la actividad contra el ejército y darle una orientación hacia la realización de la reforma agraria, y consolidar comandos de gobierno popular en las zonas controladas.

Muy lejos estaban aún de la fundación de un ejército guerrillero para la toma del poder, como serían a partir de la próxima década las FARC. En un informe presentado al XIV Pleno del Partido realizado en aquellos años, encontramos esta confesión de los comunistas:

"Las guerrillas colombianas no habían surgido por un plan de nadie sino que eran producto de la realidad, de la vida, de la necesidad que tenían los sectores campesinos de defenderse contra los atropellos y brutalidades de la dictadura..."

A la par, otros protagonistas se hacían ver en el escenario colombiano. Se trataba de las "cuadrillas", organizaciones de jóvenes marginales, víctimas ellos mismos de la violencia gubernamental y que constituían grupos de bandoleros que consumaban una venganza personal mediante el robo y el asesinato en la campiña.

Otros grupos serán más orgánicos e institucionalizados, como los "pájaros", armados por los terratenientes con flotas propias de automotores, que se dedicaban al asesinato sistemático de personalidades políticas liberales, de sindicalistas y revolucionarios. Nacidos en el ámbito urbano –Caldas y el Valle del Cauca–, muy pronto se extienden a la periferia rural, sobre todo amenazando y apropiándose de las cosechas de los productores cafetaleros de origen liberal. Algunas de estas bandas harán famosos a sus jefes: El Cóndor, Pájaro Azul, Lamparilla...

Como los calificara monseñor Germán Guzmán, se trataba de "un Ku Klux Klan criollo de desconcertante eficacia letal".

La ejecución de los estudiantes

El gobierno reaccionario de Ospina Pérez y Laureano Gómez concluye su decadencia con el golpe militar de Rojas Pinilla, el 13 de junio de 1953. Pero la paz será efímera para la población. Es más, a cambio del silencio de la prensa norteamericana al genocidio que las fuerzas policiales consuman con su pueblo, el gobierno se compromete a colaborar en la guerra imperialista que los Estados Unidos ha encarado en Corea. Ningún otro país de América enviará tropas a esta solitaria incursión norteamericana por Asia.

En el plano interno, el nuevo gobierno estrenaba su nueva administración pacifista con una masacre estudiantil, de la que los bogotanos, curtidos a la fuerza en estas expansiones de su fuerza militar, guardarán eterna memoria. El Congreso Nacional de Estudiantes, reunido en Cali, unificó las fuerzas estudiantiles en torno a la Unión Nacional de Estudiantes Colombianos (UNEC). La oportunidad fue aprovechada para repudiar la participación del país en la guerra de Corea. Un acto se desarrollaba en el campus de la Universidad cuando la policía cargó contra los estudiantes, y asesinó allí mismo al joven Uriel Gutiérrez.

Al día siguiente, una marcha multitudinaria y silenciosa acompañaba los restos del estudiante muerto para su entierro en el cementerio. Al llegar el cortejo a una calle céntrica, el famoso Batallón Colombia, que adquiriera fama en el país asiático, cargó con fusiles automáticos contra los jóvenes. La masacre contabilizaría trece cadáveres de estudiantes y cuarenta heridos.

Se extiende la violencia

Era el preludio de una segunda ola de violencia. El 12 de noviembre de 1954 tropas regulares masacran a un grupo de campesinos en la región de Villarica (Tolima); el 4 de abril de 1955 se declara "zona de operaciones militares" los municipios de Villarrica,

Carmen de Apicalá, Cabrera, Cunday, Icononzo, Pandi, el sur del Tolima y la región de Sumapaz, en Cundinamarca. Ya antes, en ese noviembre de 1954, el ejército había aprovechado una fiesta parroquial convocada por el cura de Villarrica para presentarse con tres centenares de soldados y detener a la dirigencia campesina, muchos de ellos ex combatientes de los choques de 1949 a 1953.

En lo sucesivo actuarán en toda la zona y constituyen un "campo de concentración y exterminio" en Cunday, donde millares de prisioneros serán torturados y asesinados. Muchos eran militantes agrarios socialistas y comunistas, pero entre los asesinados se cuentan importantes figuras liberales como Alfonso Herrera Rubio, Álvaro Orjuela, Simón Herrera o Alfonso Caicedo. De este modo se quebró el frente anticomunista que planteara el gobierno conservador; en adelante nuevas guerrillas liberales se abrirían paso junto a los destacamentos de autodefensa comunistas.

En Villarrica, por ejemplo, el ejército destaca mil quinientos hombres con cuarenta carros blindados y una decena de aviones, pero tras tres días de incesante bombardeo se ve obligado a retroceder.

La ofensiva gubernamental del 6 de junio de 1955 convirtió a la región en un infierno. Destacó entonces nueve batallones (unos nueve mil hombres) provistos de morteros, armas modernas de infantería y el apoyo de aviones que desparramaron napalm por la selva.

Las viviendas campesinas fueron arrasadas, sus siembras destruidas, las selvas de Galilea se convirtieron en cementerios, los campesinos indígenas emigraron a los montes. Pero el ejército no pudo dominar a las guerrillas campesinas que se extendieron a otras zonas del Tolima, Huila, Caldas y el Cauca. A la vez, comenzaba a sufrir una contraofensiva popular en las mismas áreas urbanas, lo que llevó al gobierno a incrementar la represión: ilegalizó el PC, cerró diarios de gran circulación como *El Tiempo* y *El Espectador*, y atacó e incendió las residencias en Bogotá de jefes liberales. Cuando en 1957 el general Rojas Pinilla anunció su deseo de sucederse a sí mismo en el gobierno, un frente indistinto de liberales y conservadores se planteó abiertamente su derrocamiento.

El doctor Alfonso López Pumarejo, don Alberto Lleras Camargo y el ubicuo Laureano Gómez entonces se constituyen en los adalides de la regeneración de la república. La agitación social y política, conducida fundamentalmente por Lleras, culminará en una huelga general (patrocinada y organizada por los propios empresarios capitalistas, banqueros, industriales y comerciantes) que dará al traste con la dictadura de Rojas Pinilla el 10 de mayo de 1957, empujándolo al exilio.

Una democracia peculiar

El resultado de estas jornadas será el nacimiento de la coparticipación liberal-conservadora, autodenominada Frente Nacional. La junta militar de gobierno asumida tras la renuncia de Rojas Pinilla dictó el 4 de octubre un decreto que convocaba a un plebiscito para el 1 de diciembre, con un texto indivisible que estableciera las siguientes reformas a la Constitución:

"1°. Las mujeres tendrán los mismos derechos políticos que los varones.

"2°. En todas las elecciones populares para corporaciones públicas hasta el año de 1968, sólo se reconocerá la existencia de dos partidos, el conservador y el liberal, ninguno de los cuales podrá elegir más de la mitad de los miembros de cada corporación.

"12°. La Corte Suprema de Justicia estará integrada por el número de magistrados que determine la ley y los cargos serán distribuidos entre los partidos políticos (liberal y conservador) paritariamente."

Éste es el paisaje que preside el nacimiento de las FARC en los años 60. Faltaba aún otro episodio más demostrativo de la burla oligárquica a la demanda campesina; el 30 de agosto de 1960 se crea por decreto del gobierno un Comité Agrario encargado de presentar un proyecto de Reforma Agraria. La integración de este Comité adelanta las características del proyecto que presentarán unos meses más tarde; lo forman autoridades eclesiásticas, de las Fuerzas Armadas, el ministro de Agricultura, el gerente de la Caja de Crédito Agrario, representantes de la Sociedad de

Agricultores de Colombia (asociación de los grandes propietarios terratenientes), y liberales y conservadores connotados.

El nuevo proyecto de reforma agraria es tan o más limitado que aquel que impulsara López Pumarejo. De él se desprende que en nada afectará la titularidad ejercida sobre la tierra por la vieja oligarquía; apenas si se deja constancia de la intención de utilizar tierras baldías para dotar al campesinado, pero la calidad de "baldías" de las tierras seguirá estando al arbitrio de los propios terratenientes.

El mismo Instituto Colombiano de Reforma Agraria creado por esta ley no prevé la integración a su comité directivo de ningún representante del campesinado, eternos excluidos de la mirada estatal. No en vano, el mismo Lleras Camargo decía en aquellos años al referirse a las comarcas indígenas y a la selva:

"Esa inmensa parte del territorio colombiano donde el Estado no significa sino peligro, dolor y abuso, es la auténtica colonia de la otra República..."

Capítulo 3
LAS REPÚBLICAS INDEPENDIENTES

"Nosotros somos revolucionarios que luchamos por un cambio de régimen.
Pero [...] luchábamos por ese cambio usando la vía menos dolorosa
de nuestro pueblo: la vía pacífica, la vía de la lucha democrática de las masas,
las vías legales que la Constitución de Colombia señala.
Esa vía nos fue cerrada violentamente, y [...] nos tocó buscar la otra vía:
la vía revolucionaria armada para la lucha por el poder."

Programa Agrario de los Guerrilleros

La coparticipación liberal-conservadora tuvo una notable continuidad. Bajo su auspicio se engendraron los mandatos de Alberto Lleras Camargo (liberal 1958-1962), Guillermo León Valencia (conservador 1962-1966); Carlos Lleras Restrepo (liberal 1966-1970), Misael Pastrana Borrero (conservador 1970-1974) y el liberal Alfonso López Michelsen (1974-1978). La conciliación también abrió las puertas a una amnistía para los liberales alzados en armas contra el Estado, muchos jefes guerrilleros depusieron sus armas y su beligerancia. Pero no fue éste el caso de las autodefensas campesinas lideradas por comunistas, que desconfiaban prudentemente de la paz oligárquica.

Hostigados por el nuevo gobierno del Frente Nacional, y sumando a su desilusión la pérdida de solidaridad de muchos jefes campesinos que abandonaron la lucha confiados en la nueva política agraria, numerosos resistentes se instalaron en el Huila, al sur del Tolima, en la región de Marquetalia, y crearon una vasta zona bajo su control. Campesinos indígenas y colonos sin tierras desarrollaron allí sus tradicionales cultivos de yuca y maíz que, junto con el banano, constituyen la dieta de los lugareños.

Muy pronto recibirían allí a más campesinos refugiados del acoso del ejército y de los bandoleros conservadores. Eran básicamente comunidades que permanecían armadas y vigilantes, pero no poseían casi tropas en actividad cotidiana. La autodefensa no contemplaba, en lo inmediato, la actividad militar permanente. Se conservaba en cambio un mando y algunas estructuras de defensa básicas, y una administración civil que adquirió prestigio en la solución de problemas de índole pública y cotidiana que el Estado colombiano jamás había satisfecho.

Estas comunidades con administraciones semejantes se extendieron a El Pato, Caquetá, Riochiquito, Cauca, Guayabero y el sudoeste de Tolima. La construcción de vastas "zonas liberadas" comenzó a inquietar a las Fuerza Armadas, las más celosas de la competencia que suponían para el Estado estas "Repúblicas independientes", como las denominaba el ejército, que auspiciaba su liquidación.

Otras organizaciones intentaron una ofensiva militar abierta contra el Estado colombiano, como fuera el caso del Movimiento de Obreros, Estudiantes y Campesinos (MOEC), el Frente Unido de Acción Revolucionaria (FUAR) y el Movimiento Vichada, todos ellos fracasados. Pero los comunistas asentaron su estrategia en la autodefensa armada y el ejemplo de las "zonas liberadas", lo que en breve los fortaleció y dio prestigio a su imagen entre las masas indígenas de la región.

El surgimiento de Tirofijo

Entre los dirigentes políticos de Marquetalia se destaca un hombre joven, de unos treinta y cinco años. Lleva en la piel el color terroso del campesino y, aun con la escuela primaria sin terminar, oficia de maestro. Los que lo conocen bien destacan su prodigiosa memoria. Muy pronto se convertirá en un caudillo militar de rasgos mitológicos.

Se trata de Pedro Marín, a quien apodan Tirofijo por su notable puntería. Cuenta Baltazar, un guerrillero comunista que lo conociera cuando aquél tenía veinte años y aún ganas de alardear, que en un momento salieron a caminar por los alrededores del campamento (se desarrollaban entonces conversaciones para la unidad del movimiento guerrillero):

"...y él vio un pajarito por allá en una ramita de un árbol y sacó su pistolita y lo bajó así, como haciendo deporte. Un tipo que hace esa proeza es un apuntador bárbaro."

Pero Pedro lleva ya muchos años en la lucha. Puede fecharse aproximadamente su inicio por el nombre de guerra que adoptara: Manuel Marulanda Vélez, un estudiante comunista asesinado en Medellín en 1951. El ahora Marulanda había nacido como Pedro Antonio Marín en el poblado de Génova, municipio de Quindío, el 12 de mayo de 1930. Para que este leñador, hijo de liberal, se convierta en "...un Pancho Villa que leyó a Lenin", según la mirada del documentalista francés Jean Pierre Sergent, debió mediar el asesinato de Gaitán en 1948. También las persecuciones a que dio lugar el "Bogotazo". Seguramente cayó en la acusación de "abrilero", mote con el que se designaba a los enemigos "a despachar" mediante una serie de ingeniosas operaciones que incluían, por ejemplo, el degüello denominado "corbata", que concluía con la extracción de la lengua de la víctima hacia fuera. Ya entonces Pedro se echó al monte "enguerrillerado".

Iniciada la década, Marulanda, Jacobo Prías, alias el Charro Negro, y Ciro Trujillo Castaño, líder popular en la vasta región de Riochiquito, son las tres figuras más importantes del campesinado rebelde del sur.

Tirofijo y el Charro se afiliarán en 1951 al Partido Comunista Colombiano. También Ciro, que aunque posaba de más independiente que sus camaradas fue un convencido seguidor del Partido Comunista; su ascendiente sobre la poblada región de Riochiquito era tal que la comandancia del Ejército dudará hasta el último momento en lanzar sobre ella una ofensiva.

El general Valencia Tovar, a cargo de las relaciones del Alto Mando del Ejército con las llamadas "Repúblicas independientes", reconoce que aunque se había decidido ya actuar sobre Marquetalia, se siguió buscando durante mucho tiempo un acercamiento pacífico a Riochiquito, que le permitiera al Estado aislarlo de los focos más virulentos. No es que no se supiera de la filiación comunista de Ciro Trujillo, pero se valoraba su autoridad de jefe agrario. Esta distinta valoración de los núcleos de autodefensa campesina retrasaría en un año la ofensiva del ejército sobre su territorio.

Muy pronto, Marulanda y Charro Negro, refugiados en Marquetalia, se revelan como hábiles dirigentes políticos que encaran la construcción de un programa agrario que consolide las bases sociales de su emprendimiento. De las asambleas populares convocadas surgirá el Programa Agrario de las Guerrillas, en el que se plantea la lucha por una reforma agraria revolucionaria que liquide las bases de la propiedad latifundista y entregue la tierra al campesino. Este mismo documento señala enfáticamente la necesidad de construir un "frente único" con todas las fuerzas democráticas, progresistas y revolucionarias del país para la conquista de cambios democráticos.

Ofensiva sobre Marquetalia

Pero muy pronto comenzó el acoso a los refugiados en Marquetalia. En enero de 1960, Jacobo Prías cae asesinado por los liberales en Gaitania, al sur del Tolima. En vano esperarían aquellos campesinos justicia; el Estado los ignorará sistemáticamente, excepto cuando por alguna razón desee sus tierras. Manuel Marulanda jurará vengar la muerte de su camarada, y muy pronto tendrá ocasión de hacerlo, puesto que ese crimen era la antesala de la invasión; el Estado colombiano ya no toleraba la existencia de estos "enclaves" en el territorio de su soberanía.

Gobierna por entonces el conservador Guillermo León Valencia, y la revolución cubana alumbrada a fines de la década de 1950 ha exasperado ya el temor de los latifundistas a la rebeldía campesina. El mismo temor es transmitido a los Estados Unidos, que desde entonces auspician y financian operaciones antiinsurgentes en toda la América Latina enmarcadas en la llamada "Doctrina de Seguridad Nacional". Los Estados Unidos aplicarán esta política con particular devoción en Colombia, donde más tempranamente se verificaron fenómenos de contestación armada.

En 1962 fracasa la primera ofensiva del ejército contra el movimiento campesino de Marquetalia. Pero los campesinos del Tolima saben que se viene otra andanada. En septiembre de 1963, tropas de un batallón del ejército colombiano masacran a dieciséis campesinos en el Cañón de la Troja, en Natagaima (Tolima). Nuevo martirio campesino y nuevo nombre para una brigada guerrillera: la "26 de Septiembre".

En 1964, bajo el mando del coronel Hernando Currea Cubides, comandante de la sexta brigada, el Estado colombiano pone en práctica, con financiamiento norteamericano y asesoramiento de la CIA, el llamado Plan LASO (Latin American Security Operation) contra las regiones de autodefensa campesina en Colombia. En abril de ese año se lanza la operación de cerco y aniquilamiento sobre los pobladores de Marquetalia.

La ocupación se inició con la disponibilidad de dieciséis mil hombres, armados y equipados con todos los instrumentos de guerra modernos, tales como helicópteros, aviones de reconocimiento, bombarderos facilitados por los Estados Unidos y algunas piezas de artillería, con los que establecieron un anillo que rodeaba esta región en los departamentos de Huila, Valle del Cauca, y el Sur del Tolima. Esperaban de esta manera estrechar el cerco hasta lograr la aniquilación del núcleo campesino.

En conocimiento de la ofensiva gubernamental, la guerrilla reorganizó sus núcleos armados y los dispuso para una larga resistencia mediante la conformación de equipos móviles. Al mismo tiempo se tomó la determinación de evacuar a la población civil, mujeres, ancianos y niños. La cosecha se había realizado recientemente y los pobladores contaban con alimentos para resistir. Por fin, el ataque militar sobre las aldeas campesinas y las posiciones guerrilleras se desató el 27 de mayo de 1964.

El mito establece que cuarenta y ocho guerrilleros de ambos sexos, comandados por Manuel Marulanda Vélez, Jacobo Arenas y Hernando González, resistieron por más de dos meses una ofensiva planeada para una fuerza muy superior. Le causaron numerosas bajas a esas tropas "especialmente entrenadas y pertrechadas", y saltaron finalmente el cerco que se había pretendido tender sobre ellos. Estos últimos —Jacobo Arenas y Hernando González— habían sido enviados por el Comité Central del PC como comisarios políticos a cargo de las operaciones de resistencia. Jacobo, nombre de guerra de Luis Morantes, será el dirigente máximo de las FARC hasta 1990, cuando lo sucederá Manuel Marulanda. Hernando González, un destacado estudiante de la Universidad Libre y miembro de la Juventud Comunista que había ligado definitivamente su vida a la suerte de las guerrillas campesinas, caería un año después en una emboscada tendida por tropas gubernamentales a los resistentes de Riochiquito.

Primeros enfrentamientos con la guerrilla

En los primeros días de abril habían llegado desde Girardot Jacobo Arenas y Hernando González con algunos apoyos armados que fueron recibidos con muchas esperanzas por los sitiados. Manuel Marulanda, Isaías Pardo, Tula Pardo, Darío Lozano, Jaime Guaracas, Joselo, Eduardo Lozada, Chucho Nazareno y Rogelio Díaz conformarán el Estado Mayor que dirigirá la resistencia.

Ese 27 de mayo se produce en La Suiza, sobre el cañón del río Ata, el primer enfrentamiento entre un destacamento guerrillero al comando de Joselo y numerosas tropas del ejército. De inmediato comienzan los bombardeos con bombas de fragmentación e incendiarias.

La lucha se prolongará por semanas. Todavía a mediados de junio Isaías Pardo emboscará a tropas gubernamentales, les provocará veinticinco bajas y se apropiará de un buen número de ametralladoras pesadas y parque. El mismo día, en una solemne ceremonia, el general Hernando Currea Cubides le hace entrega del territorio "libre de bandoleros" al presidente de la Nación Guillermo León Valencia. Pero el combate no ha concluido.

En la retaguardia, Isaías Pardo batalla en el cañón de San Miguel y retrasa el avance de la tropa regular. Quien fuera uno de los más antiguos compañeros de Tirofijo caerá en ese combate.

El grueso de la columna guerrillera ya ha logrado evadir el sitio, aunque el ejército se afana en su persecución. Todos los días el comando militar emite comunicados vibrantes que auguran la pronta caída de Manuel Marulanda. Que "está herido", que "las tropas guerrilleras están famélicas", que "huyen sin munición para resistir"... son las versiones cotidianas de la prensa. También se lo dará por muerto en innumerables oportunidades, alimentando el mito de su invencibilidad. Mientras tanto, por diversas trochas minadas con manojos de granadas conectadas con un hilo, los guerrilleros han escapado. Por las noches, las explosiones producidas por el incauto pasaje de algún animal no dejarán dormir en paz a la tropa; durante el día, las trampas formarán una constante amenaza para el avance de la columna.

Marulanda y sus hombres se dirigían a Riochiquito, donde se realizaría la Primera Conferencia del Bloque Sur, antecedente inmediato de las FARC.

Contraataque en Inzá

En Riochiquito, con el amparo de los campesinos que dirige Ciro Trujillo, los mandos deliberan por semanas en el desarrollo de la doctrina fundamental de lo que serán sus guerrillas móviles. Marulanda afirma que no existen condiciones para hacer una resistencia tenaz, como quedó demostrado en Marquetalia, por lo que concluye que se debe:

"...golpear, irse, volver a aparecer, desaparecer [...] como dice el Che Guevara: la guerrilla revolucionaria muerde y huye para volver a morder y a huir y así siempre en la guerra irregular..."

La denominación Bloque Sur indicaba la pretensión de agrupar en un solo haz a todas las tropas insurgentes del sur del país hasta la frontera con el Ecuador y Perú.

Para elevar la moral de los combatientes, y a la vez como gran jugada propagandística, se planificó tomar una población mediana en el mismo momento en que el gobierno se regodeaba con la publicitada derrota de los marquetalianos. La elección recayó en el poblado de Inzá, cabecera de un municipio en el Cauca. Para la operación se acordó movilizar una fuerza de ciento cuarenta y cinco hombres, en la que no todos eran guerrilleros; la tropa incluía unos ochenta indígenas de la zona que cargarían de regreso las armas y vituallas que lograran requisar en la toma de la ciudad.

Marcharon de noche y en absoluto silencio para no ser detectados antes de llegar a la ruta de ingreso al poblado, a unos seis u ocho kilómetros. En ese lugar esperaban detener el bus de pasajeros que pasaba por allí todas las mañanas; con él se trasladarían al pueblo. Pero lo que pretendió ser una operación prolija concluyó en un zafarrancho. En el ómnibus viajaban dos policías que conducían a un detenido hacia la capital estadual. Al advertir sobre la ruta a los irregulares que habían detenido el vehículo, los policías comenzaron hacer fuego por una ventanilla. Sorprendidos por los "chulos" (policías), el grupo descargó una ráfaga cerrada que inutilizó el vehículo en el que pensaban ingresar al pueblo.

Calmados los ánimos, se vio que la pequeña refriega había dejado como tragedia tres cuerpos sin vida: uno de los policías y dos monjas de la congregación de las Madres Misioneras de María Inmaculada. Además, habían perdido la ventaja de la sorpresa, y descontaban que en Inzá ya estarían advertidos de su acecho. Entonces decidieron ponerse en marcha de inmediato, pero como preveían, a dos kilómetros de la entrada ya los esperaban el alcalde y el jefe de policía con una pequeña partida. Se entabló entonces un tiroteo en el que murió el alcalde y resultó herido el juez de Paz.

Finalmente, con las primeras luces del día 17 de marzo de 1965, la guerrilla tomaba el pueblo sin disparar un solo tiro más. Ocuparon la Caja Agraria, el Cuartel de Policía y liberaron a los presos de la cárcel. La población, que en aquellos momentos se hallaba en misa, fue convocada por Marulanda y sus hombres. Reunidos en la plaza central, Jacobo Arenas y Hernando González les dirigieron sendos discursos que, como es de rigor, comenzaron por pedir disculpas por las muertes indeseadas, en ese caso, las de las hermanas en la carretera.

Aunque accidentada, la incursión había sido productiva para los insurgentes. Se llevaron un millón setecientos veinticinco mil pesos de la Caja Agraria y cargaron las mulas con ropas y alimentos que extrajeron del almacén. A los afectados por la expropiación, les firmaron sendos recibos a nombre del futuro gobierno revolucionario. Se dejaba ver la corta edad promedio de la tropa de guerrilleros por los kilos y kilos de golosinas que cargaron felices en sus mochilas tras el ataque a Inzá.

Reacción militar

La Fuerza Aérea Colombiana destacó dos aviones a reacción tipo F-80 para perseguir a los asaltantes. Descubrieron un grupo de acampantes en el cañón de Coscuro al que ametrallaron, pero sin conocerse bajas. Era la vanguardia de la columna, que al mediodía comunicará haber encontrado en un potrero una avioneta "sin alas" derribada.

Marulanda supuso entonces que tal vez se tratase de un helicóptero, al que no estaban acostumbradas sus tropas. Cuando finalmente llegaron al lugar pudieron fotografiar una inmensa bomba de napalm de cinco toneladas, a la que atribuyeron un tamaño de seis metros de largo y cuatro de ancho. Aparentemente, se habría dañado la hélice de cola, lo que determinó que la bomba cayera a tierra sin explotar. Días más tarde, una partida del ejército alzaría de la selva el monstruoso artefacto con un helicóptero de transporte.

La sospecha gubernamental de que los agresores de Inzá habían partido de Riochiquito con apoyo de Ciro Trujillo, convertirá en insoportable el acoso a la población y decidirá a los mandos militares a la invasión definitiva. Por otra parte, los latifundistas que ambicionaban las tierras indígenas desataron una insidiosa campaña en la prensa para presionar al gobierno e iniciar la represión. Se destacó en la tarea el senador Víctor Mosquera Chaux, quien denunció la inactividad del Estado frente a la insurgencia campesina.

Una nota del diario *El Liberal*, de Popayán grafica el tenor de esa presión:

"Hemos agregado que no se han producido en Riochiquito acciones por los uniformados. Todavía no ha comenzado la acción militar, en gran escala, que el caso requiere. Ésa es otra afirmación de claridad meridiana. Grato, gratísimo, nos será registrar en estas columnas, la fecha en que se inicie la ocupación de Riochiquito. Para esa hora, nuestra editorial se titulará PASO DE VENCEDORES."

La meridiana "claridad" de los liberales de Popayán será explicada por el general Ruiz Novoa, quien dice con gravedad:

"Existe en primer lugar una pugna entre el Departamento del Cauca y el de Huila, y mientras las autoridades del Cauca acusan a los habitantes de Riochiquito, las del departamento del Huila los apoyan. Según parece, esta pugna no es de los habitantes del Cauca, sino de algunos terratenientes de ese departamento que quisieran apoderarse de las ricas tierras que hoy explotan los campesinos de Riochiquito, para lo cual no vacilan en incitar al ejército para que entre a 'sangre y fuego' a esta región, diciendo que estos campesinos, sus mujeres y sus niños son sólo merecedores del exterminio, como lo expresó el doctor Mosquera Chaux delante del doctor Uribe Botero..."

Riochiquito

Abrumados por el acoso mediático, los campesinos de Riochiquito enviaron en abril de 1965 una comisión para entrevistarse en Bogotá con el ministro de Gobierno, Alberto Mendoza Hoyos. Solicitaban una investigación seria sobre las amenazas y denuncias del senador Mosquera Chaux, pero no recibirían ninguna respuesta seria del Estado colombiano. Por el contrario, al mes siguiente, en el Quicuyal, un grupo de campesinos de Riochiquito fue emboscado por bandoleros al servicio de los terratenientes. Entre los atacados estaban dos hijos de Ciro Trujillo. Cayeron allí Abacut y Jair Trujillo, junto a Daniel Collo, Víctor Julio Medina y Floresmino Saavedra.

Riochiquito, a pesar de lo que sugiere su nombre, es una región muy grande y fértil. Producía ya entonces maíz, frijol, arvejas e, incluso, un café "cerezado" de exportación, muy apreciado. En una carta de Ciro Trujillo al comandante militar Ayerbe Chaux, aquel le dice que la población de Riochiquito es de una seis a siete mil personas, consta de unas dos mil ochocientas fincas, con ganado, cerdos y aves de corral...

"...las cosas de nuestra propiedad se aproximan a los cuarenta millones de pesos y hemos dicho, al mismo tiempo, que esto es lo que estimula la codicia de los grandes latifundistas del oriente del Cauca que desean agrandar sus latifundios con nuestras fincas..."

A diferencia de Marquetalia, aquí los grupos de autodefensa y la organización agraria en general involucraban mayoritariamente al campesinado indígena. La influencia principal de la tradición andina se destaca en las formas de organización social. Según ella, la tierra se reparte todos los años entre las unidades de producción familiar sin ningún reparo por la propiedad, y con un sentido esencialmente comunitario.

Ciro Trujillo no era sólo el líder político de esta comunidad, sino más bien un patriarca. Jacobo Arenas narra que en ocasión de la reunión que efectuaran los mandos guerrilleros en Riochiquito, aprovecharon para casarse seis o siete parejas y Ciro ofició de "maestro de ceremonias" o padrino de matrimonio. Se reunieron en un cobertizo comunitario que obra como casa común y de cultura:

"Ciro leyó los nombres de ellos, luego le preguntó a cada pareja que si él la tomaba a ella por esposa, él dijo que sí; le preguntó a ella, dijo que sí, en una reproducción del matrimonio católico, pero sin cosas religiosas. El brindis fue por la revolución, por el futuro, por la transformación del país."

Conscientes del inminente ataque de las fuerzas armadas al territorio campesino, estas semanas fueron vividas como una tregua, y las actividades fueron planteadas en función de fortalecer la moral de los pobladores.

El entonces coronel Valencia Tovar, a cargo de las operaciones en la región, desaconsejaba atacar Riochiquito, aun cuando era evidente su participación en el ataque a Inzá. Pero para septiembre de 1965, el ejército resolvió relevarlo de sus responsabilidades en el área, enviarlo a Santander para combatir a la guerrilla del ELN y designar al general Ayerbe Chaux para que dirigiese la ocupación de Riochiquito, reclamada con tanta efusividad por su pariente Mosquera Chaux.

La operación militar sobre el enclave guerrillero y campesino tuvo su más inmediata inspiración en la campaña que los norteamericanos realizaron en Vietnam, basada fundamentalmente en la operatividad de los helicópteros. Dirigida casi por los mismos protagonistas, la operación colombiana tuvo todos los ingredientes de la doctrina de contrainsurgencia elaborada por los Estados Unidos para el sudeste asiático. Por eso no llama la atención que la operación militar viniera acompañada con una serie de iniciativas dirigidas a la población civil, que tenían por objeto minar las bases sociales del proyecto insurgente.

La doctrina militar referida proviene de una lectura atenta de los escritos políticos y militares del líder chino Mao Tse Tung y de los vietnamitas Vo Nguyen Giap y Ho Chi Minh. Si el primero señalaba como paradigma del guerrillero comunista que su seguridad dependía de una inserción en el seno del pueblo similar "a la de un pez en el agua", la doctrina norteamericana preveía secar los ríos. En este sentido, el general Ayerbe Chaux prometía planes de acción cívica con construcción de carreteras, escuelas, puestos de salud, suministro de energía eléctrica y agua potable; todas ellas imperiosas necesidades populares que jamás habían sido atendidas por el Estado colombiano.

El *film* documental *Riochiquito*, realizado por los franceses Jean Pierre Serget y Bruno Muel en el mismo momento del ataque militar a la comunidad, brinda un acceso privilegiado para observar los instantes fundacionales de la guerrilla de las FARC. Los autores del *film* quisieron dedicarlo a la memoria del guerrillero comunista Hernando González Acosta, más conocido con el nombre de guerra Leovigildo Rodríguez o "Pajarito", que muriera en la defensa del lugar. Él mismo tendría a su cargo poner a salvo a los documentalistas, escoltándolos hasta Mazamorras, sitio donde las fuerzas guerrilleras amontonaban pertrechos y alimentos para la resistencia.

En el regreso hacia Riochiquito, la columna fue emboscada por fuerzas del ejército que les provocaron dos bajas: un herido rescatado por sus compañeros, y Hernando, que encabezaba el grupo en descubierta.

Como ocurriera ya en Marquetalia, parte de la población civil prefirió seguir a las fuerzas guerrilleras en su desplazamiento. Más de doscientos pobladores adultos acompañaron a los distintos destacamentos que habían planificado abandonar la región en diversas direcciones, encaminándose luego al norte, hacia el Páramo de Sumapaz, en el oriente del Tolima, para confluir en el cañón del río Duda donde se realizaría la conferencia fundacional de las FARC. Semejante número de civiles dificultaba el desplazamiento de cuerpos a los que se quería dotar de una gran movilidad. El fenómeno no era nuevo; tales desplazamientos eran tradicionales en las formas ensayadas por la autodefensa campesina desde los años 40 y 50, pero ya no lo serían y quedarían en el recuerdo de los combatientes más veteranos.

Capítulo 4
LAS FARC: LOS INICIOS

"Mas no es completa gloria vencer en la batalla,
que al brazo que combate lo anima la verdad.
La independencia sola al gran clamor no acalla;
si el sol alumbra a todos, justicia es libertad…"

Rafael Núñez
Himno Nacional de la República de Colombia

Como estaba previsto, hacia mayo de 1966, dirigentes de las diversas columnas guerrilleras se reúnen en el cañón del Duda para concluir la II Conferencia del Bloque Sur, donde se daría nacimiento a las Fuerzas Armadas Revolucionarias de Colombia (FARC). Un tiempo antes se había desarrollado en Viotá, provincia de Tequendama, el X Congreso del Partido Comunista Colombiano en la clandestinidad. En este Congreso fue expuesta la tesis de la combinación de todas las formas de lucha de masas. Se sostenía que la vía revolucionaria pasaba en Colombia por la combinación de una extensa gama de luchas de masas, que iban desde las reivindicaciones populares primarias, como el derecho a la cultura y al esparcimiento, pasando por la participación en elecciones y llegando hasta la lucha armada. Consecuentemente, el partido seleccionó cuadros de la Juventud Comunista para dedicarlos a esta última. Destacan los nombres de Jaime Bateman Cayón, Carlos Pizarro Leongómez, Iván Marino Ospina y Álvaro Fayad. En el plano electoral, el PCC participó en una alianza táctica con el Movimiento Revolucionario Liberal, en cuya lista se incluyeron candidatos comunistas.

El brazo armado

Debe destacarse que la situación del PCC en la coyuntura no era la mejor. No sólo porque la represión gubernamental le condujera a la clandestinidad, sino porque al mismo tiempo debió enfrentar importantes disidencias internas. El prestigio conseguido por la revolución china cuestionó los presupuestos de una generación política formada en la doctrina del comunismo soviético. Para 1964 se realizaría el XVI Pleno Ampliado del Comité Central del Partido Comunista, donde se resolvería expulsar a dos importantes cuadros, Pedro Vásquez Rendón y Francisco Garnica, por sus inclinaciones maoístas. Otros sectores de la militancia partidaria se desprenderían dando origen, en 1965, al Partido Comunista de Colombia-Marxista Leninista, de orientación pro china.

El X Congreso del PCC proclamaba: "La guerra de guerrillas es una de las formas más elevadas de la lucha de masas...", y se comprometía a impulsarla y dirigirla. Por su parte la Conferencia del Bloque Sur establecía en paralelo con las resoluciones partidarias:

"...el Movimiento Guerrillero FARC, despegaba a una lucha prolongada para la toma del poder en unión con la clase obrera y todo el pueblo trabajador [pero firmemente subordinado a...] la organización política [el PCC] como el factor consciente y rector del proceso revolucionario colombiano y que en ese sentido las FARC pondrían todo lo que de ellas dependiera en cumplimiento de aquella gran misión."

El 5 de mayo de 1966, se oficializa la conformación de las FARC como brazo armado del Partido Comunista Colombiano. Esta vinculación subordinada subsistiría hasta principios de los años 80, cuando las estrategias y preocupaciones de ambos agrupamientos comienzan a separarse sensiblemente.

Para principios de la década de 1990, tales divergencias se harán insalvables: el PCC diseñará una política electoral y de masas en oposición a una estrategia insurreccional de las FARC, que descree de cualquier participación electoral o actividad legal alguna.

Esa tensión estará siempre presente y puede deducirse de las propias conclusiones del X Congreso, donde se reflexionaba acerca de la actividad guerrilla en una sociedad inmune a su prédica. Allí se decía:

"La lucha armada surge y se desarrolla en Colombia, en su modalidad guerrillera, aun cuando no exista en el país una situación revolucionaria. Sería negativo y fatal para el movimiento revolucionario colombiano permitir pasivamente el aniquilamiento de las organizaciones campesinas con el argumento de que hay que esperar la completa madurez de una situación revolucionaria para desplegar la lucha armada..."

El documento constata la existencia de dos realidades sincrónicas, pero desmesuradamente diversas en su tiempo histórico social. Se trata sin duda de dos sociedades que no pueden ser conmovidas por las mismas preocupaciones ni responder a las mismas convocatorias.

Por otra parte, la conversión del grupo de autodefensa en destacamento guerrillero, cuyo objetivo es la toma del poder, un poder que, vale la pena remarcarlo, se encuentra muy distante de ser tomado, presupone que "el alzado en armas" se convierta en un revolucionario profesional. Lo expresaba con claridad Jacobo Arenas:

"Ya los nuestros no van a luchar por un pedazo de tierra, no van a luchar por reconquistar sus fincas sino que se convierten en combatientes revolucionarios, que van desde ahora hasta el triunfo de la revolución."

Esta definición es muy importante para la comprensión del fenómeno FARC, ya que desestima cualquier posibilidad de abandonar la lucha armada sin que tal conducta pueda ser tachada de defección.

La organización

En 1966 existía aún un ancho camino común entre militantes políticos y milicias armadas. Marulanda Vélez era consciente de algunas de sus limitaciones iniciales, y así lo expresó:

"El Estado Mayor que habíamos creado en Marquetalia solamente tenía jurisdicción sobre los guerrilleros procedentes de allí."

Resultaba urgente reconstruir un nuevo Estado Mayor. La Conferencia Constitutiva de las FARC estableció la nueva estructura orgánica y la consecuente línea político-militar. Refiere Marulanda Vélez:

"Se organizaron nuevos destacamentos con un área territorial de responsabilidad para cada uno, y se amplió la acción alcanzando un cubrimiento nacional. También nuestra táctica recibió correcciones consistentes; entre otros muchos movimientos, el de obligar al enemigo a enfrentarnos en un teatro de operaciones elegido por nosotros, en el que trataríamos de mantener siempre la iniciativa."

Respecto a la financiación de la guerra, se sostuvo que basar el sostén económico de la guerrilla en los sectores populares contribuía al trabajo de relacionamiento político, pero no se preveía que fuera éste el único pilar de semejante esfuerzo, aunque sí en los primeros años. Después, nos dice el mismo Jacobo Arenas, "ya hubo que recurrir a otras fuentes de orden económico". Éstas no son detalladas, pero no cabe duda de que su resolución resultaría controvertida.

La Conferencia también previó la eliminación de grados y jerarquías que sobrevivían de las guerrillas de los años 50, una estructura muy similar a la del ejército legal. Precisamente Tirofijo había realizado fundadas críticas a los procedimientos militares de los comunistas que, herederos de la más cercana experiencia durante la Guerra Civil Española, conservaban un mando castrense, con sus penas y castigos, copiado del ejército gubernamental. Tirofijo opinaba que debía construirse una nueva disciplina, coherente con la personalidad de revolucionarios profesionales que debían tener los guerrilleros.

Derrota en Quindío

Ésta era la táctica elaborada para todo el Bloque Sur: guerrillas móviles dispersas en un área de operaciones militares muy vasta. Ése era el proyecto, pero en los próximos dos años la guerrilla de las FARC se enfrentó a su cuasi desaparición. ¿Qué había ocurrido?

El segundo en el mando, Ciro Trujillo, resolvió concentrar varios destacamentos guerrilleros en la zona de Quindío. Sólo quedaron excluidos de la convocatoria los destacamentos al mando de Joselo y de Tirofijo. Muy pronto esa fuerza concentrada de quinientos a seiscientos hombres fue detectada por el ejército y atacada. No existía entonces un plan de operaciones para una fuerza guerrillera de esa magnitud y la consecuencia fue un repliegue desordenado en busca de la protección de la selva y el apoyo civil. Hubo muchas bajas y se llegó a perder 70% del armamento.

Recién hacia 1974, en oportunidad de celebrarse la V Conferencia del Bloque Sur, los mandos guerrilleros efectuaron un balance positivo del accionar de su fuerza dando por concluido y superado el desastre que sufrieran en el período 1966-1968. La muerte de Ciro Trujillo en las montañas del oriental departamento de Boyacá, en 1968, fue uno de los golpes más severos recibidos por las FARC en más de cuarenta años. Ese mismo año, en la región del Guayabero, se realizaba la Tercera Conferencia de las FARC, que ya evaluaba en términos muy duros el accionar de Trujillo en el Quindío calificándolo de "práctica de una guerrilla muy liberal". Con dolor lo recordaba Marulanda en 1974:

"Ciro Trujillo fue un buen cuadro y un hombre valiente y audaz, pero no tuvo idea clara de la táctica de guerrillas móviles."

En el futuro, la disciplina y el apego irrestricto a la táctica de una guerrilla de gran movilidad permitirían la reconstrucción de la organización. Las FARC preferirían en el futuro ocupar regiones de colonización distantes de centros administrativos importantes, allí donde existían conflictos agrarios no resueltos e importantes vacíos institucionales. Como destaca María Alejandra Vélez, hay una relación muy estrecha entre carencias de la población, en términos de necesidades básicas insatisfechas, ausencia del Estado y presencia guerrillera.

Decía Marulanda en 1970, en oportunidad de realizarse la cuarta conferencia del movimiento guerrillero: "Al menos ya no nos están matando", porque sin duda ése había sido el saldo básico del período 1966-1970.

En esos años, Marulanda registra, sin embargo, combates exitosos, como el de Vegalarga en el Huila, o el de La Perdiz, en la carretera hacia Santana Ramos. En el primero, el grupo de diecinueve guerrilleros causó cincuenta bajas a las tropas gubernamentales que los perseguían en su escape hacia El Pato. En el segundo, se hicieron con un parque de armamento desproporcionado para las menguadas huestes guerrilleras.

Pero el balance general registra pérdidas considerables: la mencionada derrota de Ciro Trujillo en el Quindío, la muerte del comandante Arrayanales en el Valle, las pérdidas de armamento y cuadros del comandante Gilberto, otras tantas pérdidas de Joselo en la Cordillera Central, los golpes recibidos por Abanico en el norte del Tolima...

Las razones profundas de ese deterioro no se debían mayormente a la eficiencia y capacidad de las fuerzas represivas, sino a errores propios de los insurgentes; su extremo liberalismo e indisciplina y la falta de interiorización del proyecto estratégico.

En la Región Central

Los continuos fracasos de la guerrilla en la Cordillera Central, donde ya se habían hecho cuatro intentos fallidos de reasentar el movimiento, moverán al mismo Tirofijo a intentarlo tras la celebración de la conferencia. Él estaba convencido de que los fracasos sólo podían deberse a errores propios, dado que la región era la sede de los más antiguos movimientos guerrilleros en el país. En la Cordillera Central se encuentran Marquetalia, Planadas, La Herrera, Gaitania, Santo Domingo, Corinto y Toribio; todos nombres familiares para la actividad insurgente desde las épocas de la guerra entre liberales y conservadores.

En noviembre de 1970, un grupo escogido de treinta hombres al mando de Marulanda y del comandante Nariño parten de El Pato, desde un paraje situado junto al río Coraguaje, en dirección al cañón del Duda. Atraviesan a lo largo de cuarenta y siete sigilosas jornadas las selvas de Guayabero, para aparecer por el oriente del Tolima y dirigirse entonces al sur, hacia Natagaima, y luego hacia el cañón de Chile cercano a la población de

Bilbao, objetivo previsto para una primera operación de estreno de la actividad militar en la región.

Llevan un guía de excepción; se trata de "Balín", Asnoraldo Betancur, hombre de la región, antiguo guerrillero liberal muy reconocido por los pobladores. Un mes y medio después de haber salido de El Pato, en plena Cordillera Oriental, el grupo ha atravesado el Páramo y el valle, y se ha adentrado en el sur del Tolima. En los próximos meses continuarán desplazándose hacia el Cauca por Santo Domingo, trabando en el trayecto relaciones solidarias con la población, la que le brinda información sobre movimientos de tropas.

Los guerrilleros acechan los pueblos y ciudades próximas: Corinto, Ceylán, La Herrera, El Puerto, La Moralia, Bilbao. Durante meses se desplazan pasando absolutamente inadvertidos para las fuerzas militares y policiales de la región. El destacamento prueba, efectivamente, que las FARC pueden insertarse en las regiones de la Cordillera Central sin ser localizadas por la fuerza gubernamental. La conclusión a la que han arribado es decisoria: ¡si Manuel Marulanda Vélez, Tirofijo, el hombre más buscado del país, puede deambular por toda la Sierra Central sin ser detectado por las fuerzas de represión en más de un año, entonces pueden hacerlo otros tantos! Así, Marulanda probaba que era posible operar con éxito.

En el vasto escenario y por un dilatado espacio de tiempo, también tendrán lugar diversos combates, denominados en su conjunto por los irregulares como "Operación Sonora".

Guardianes de campesinos

Para marzo o abril de 1973, el núcleo guerrillero intensifica sus relaciones con la población. Aún las finanzas del grupo se apoyan abrumadoramente sobre esta solidaridad. Los guerrilleros reparten entre los campesinos cartas que les envía, supuestamente desde El Pato, el redivivo Marulanda. La insistente prédica de los medios de comunicación de masas y los comunicados del ejército había logrado convencerlos de que aquel legendario guerrillero ya estaba muerto. Toda esa ingente tarea no hará otra cosa que acrecentar el mito de Tirofijo.

¿Qué pide a cambio la población? La eliminación de algunos "bandoleros" subsistentes del antiguo conflicto liberal-conservador que aún amenazan con el saqueo o la muerte a los humildes campesinos de la región del Cauca, el Valle, el Quindío y el Tolima. Según Marulanda, les pedían:

"Que los cuidáramos de los maleantes que robaban las vacas y las gallinas; que cuidáramos las veredas porque las muchachas no podían salir solas..."

Les solicitaban, en suma, que les suministraran seguridad pública y la sostuvieran. Por ese tiempo, los pobladores estaban especialmente irritados con un personaje, antiguo liberal guerrillero, después bandolero y al fin convertido en "sapo" y entregador de sus camaradas; lo llamaban "El Gringo". Su nombre era Luis Ángel Ospina, profundo conocedor de la zona. Reclutado por el ejército, el converso se transformó en un guía insustituible para las patrullas antiguerrillas. Él los alertaba de las trampas que escondía la guerrilla en la espesura del monte.

Cae Ospina

La caza de El Gringo se trasformará en una deuda de honor para el nuevo frente de las FARC en la Sierra Central.

Para fines de setiembre de 1973, ya descartado el objetivo de la ciudad de Bilbao, el grupo decide redirigir su acción y pone el foco en La Herrera. Ya en las inmediaciones de la población, y en la tarea de recoger información, el grupo dio con la sorpresa de que estaba operando allí una patrulla militar integrada por el famoso Gringo. Hacía sólo un mes que el "Pinochetazo" había acabado en Chile con las esperanzas de obtener un gobierno socialista en los marcos legales.

En Colombia, el presidente Pastrana Borrero declaraba extinta la "subversión" luego de haber logrado derrotar un masivo paro nacional de transportes. El ejército proclamaba la derrota definitiva del ELN en la zona antioqueña de Anorí. El general Álvaro Herrera Calderón, sin embargo, reconocía que el apoyo de la población a los insurrectos era el principal obstáculo en la lucha por su exterminio, y que "ganar la población es su mayor reto [del ejército] en su confrontación con los alzados en armas".

Advertidos de la presencia de guerrilleros en las inmediaciones, la patrulla militar sale al campo muy temprano para rastrear a su enemigo. Entretanto, los hombres de Marulanda ya han tendido la emboscada. En los días previos habían conseguido información muy certera e incluso habían identificado con precisión su objetivo.

"El Gringo" Luis Ospina será el primero en caer, y la patrulla resultará diezmada tras provocársele cerca de quince bajas. El grupo se adueña de once fusiles de asalto M1 y parque. La noticia sale en los diarios el 14 de octubre; el texto especifica que el asalto se produjo en el municipio de Planadas y que las tropas gubernamentales reconocían once muertos propios. También afirmaban que los sobrevivientes de la columna habían emprendido en seguida la persecución de los "antisociales", causándoles dos bajas aún no identificadas. Lo que se sabe por los protagonistas indica, en cambio, que los cuatro o cinco sobrevivientes mal podrían persistir en la persecución de unos guerrilleros que emplearon quince minutos en la emboscada y el tiroteo, y se tomaron mucho más de una hora en recoger las armas y bagajes de los derrotados. Dos días después, cualquier rastreo resultaba inútil; los agresores ya habían huido hacia El Valle para establecerse en el Guayabal.

Emboscada en La Sonora

Un mes después se trasladaron a la finca La Sonora, en el municipio de Rioblanco. Sin sospecharlo habían caído en una trampa, y muy pronto tropas aerotransportadas se descolgaban por toda la región y comenzaban los bombardeos de la aviación en busca de los huidizos guerrilleros.

En diciembre de ese año, otra vez la prensa cuenta en detalle cómo ha sido cercado Tirofijo. Su presencia en la región ya no es un secreto y crece la ansiedad en el periodismo por dar la definitiva noticia de su muerte. Tres batallones persiguen a veintidós hombres en las fronteras de los departamentos de Huila y El Tolima. Los bombarderos convierten en un infierno el cañón de Anamichú, pero el grupo —que ya ha tenido siete bajas— logra escapar entero del segundo anillo de exterminio. Finalmente cruza el río Nuevo Mundo y se interna en El Páramo, otra vez hacia El Valle.

En su balance y tras más de diez combates contra tropas abrumadoramente superiores, quedó claro para los guerrilleros que ellos siempre causaron bajas al enemigo, aunque el cuerpo principal de la columna había logrado operar con relativa indemnidad en toda el área.

En años sucesivos, Marulanda continuaría sus desplazamientos del Cauca a El Valle, de El Valle al Tolima y del Tolima al Metá. Pese a la contraofensiva gubernamental, Sonora probaba que era posible implantar una guerrilla exitosa en la Sierra Central.

La formación de frentes guerrilleros

A partir de la quinta Conferencia realizada en 1974 en el Metá, se desarrolla la transición de los antiguos destacamentos guerrilleros a la fundación de frentes. Éstos encaran una pluralidad de actividades políticas de inserción en su región. Además, proveen una base logística y cuadros para nutrir las columnas de combatientes. Así se consolidan frentes en El Pato, el Magdalena Medio, el Tolima, el Huila, el Cauca. También se proyecta crear un frente en Antioquía y otro en El Valle. Para enero de 1978, en oportunidad de la realización de la sexta Conferencia, concurren delegados de siete frentes profundamente desarrollados. El movimiento tiene una vasta implantación y ha crecido en calidad y profesionalismo. Se compran las primeras armas, y se moderniza el equipamiento de los rebeldes. La formación se complementa con talleres de especialidades militares, escuelas de formación de mandos e, incluso a nivel del Estado Mayor, se forman comandantes de compañías y frentes.

Ruptura con el PCC

Para 1978, el movimiento reúne más de mil combatientes conducidos por un centenar y medio de mandos medios y superiores. Comienza a hablarse de convertir las guerrillas móviles en un ejército. Mientras tanto, en las grandes capitales del país, la militancia social del Partido Comunista ha comenzado a alentar esperanzas electorales. El divorcio entre la selva y la urbe se profundizará en el futuro inmediato, y se convertirá en definitivo. En cualquier caso, el auge represivo del gobierno conservador de Turbay Ayala contiene por ahora las divergencias.

En 1980, el XIII Congreso del PCC proclama la posibilidad de una verdadera apertura democrática con la postulación al gobierno del conservador Belisario Betancur, quien proclama la necesidad de una amnistía y conversaciones de paz serias con los alzados. La línea política de los comunistas buscaría en adelante fortalecer su accionar de masas, donde tendrían nuevo hálito las luchas sindicales, agrarias, estudiantiles y electorales. La postura de la organización madre es contestada de inmediato con la convocatoria de la VII Conferencia de las FARC, que formula un nuevo Plan Estratégico dirigido a la construcción del ejército popular para la toma del poder en Colombia: la llamada Campaña Bolivariana por la Nueva Colombia. La conferencia eleva a la categoría de plan estratégico las conclusiones de la operación Cisne 3, la primera operación francamente ofensiva de la guerrilla sobre un puesto militar de envergadura.

Desde entonces, las FARC agregarán las letras EP (Ejército Popular) a su sigla. El agregado connota las diferencias abismales que separan ahora al PCC de las organizaciones armadas colombianas.

En 1991, el XVI Congreso Extraordinario del Partido Comunista Colombiano establece que el papel principal del PCC frente al conflicto armado es la lucha por la solución política negociada entre las partes. Por su parte, dos años más tarde, la VIII Conferencia de las FARC-EP instruye la construcción de un cuerpo de milicias urbanas y señala como tarea decisiva el trabajo clandestino en las grandes ciudades. Ambas conclusiones marcan el definitivo alejamiento de las dos organizaciones políticas.

Una experiencia común: la UP

En 1985 se produce una breve coincidencia al formarse la Unión Patriótica (UP), un movimiento político amplio y democrático que integraba al PC, las FARC y otras organizaciones de izquierda en conversaciones de paz con el gobierno de Belisario Betancur.

La UP era un frente electoral amplio orientado a la conquista de una serie de reformas mínimas para la apertura democrática: reforma agraria, reforma urbana, democratización de las fuerzas militares, fin de la doctrina de la seguridad nacional, respeto a los derechos humanos, etc. Pero subsistía la clásica desconfianza de los guerrilleros colombianos hacia la paz ofrecida por las distintas administraciones del Estado colombiano. Esto no era un gesto trivial, sino que, por el contrario, transmitía la dura experiencia de décadas de enfrentamiento.

Entre 1984 y 1986 se desató sobre la UP una operación de exterminio por parte de grupos de narcotraficantes y paramilitares. De ella participaron también organismos de seguridad del Estado, como el DAS y el F-2. La operación represiva significó un saldo de cerca de cinco mil militantes asesinados, entre ellos los candidatos presidenciales Jaime Pardo Leal y Bernardo Jaramillo Ossa. La UP había logrado en 1986 catorce congresistas, dieciocho diputados en once asambleas departamentales y trescientos treinta y cinco concejales en ciento ochenta y siete concejos.

El exterminio de candidatos, partidarios y simpatizantes de la UP puede ser caracterizado casi como un genocidio o crimen de lesa humanidad. Así lo califican Iván Cepeda Castro y Claudia Girón Ortiz, autores de un artículo de análisis sobre la experiencia de la UP. Hacen constar, por ejemplo, el asesinato público de cuarenta militantes de la UP en la plaza central del municipio de Segovia, Antioquia. También la persecución de familias enteras, como es el caso de los Cañón-Trujillo, quienes, a causa de su militancia política, han sufrido, desde 1986, el asesinato de cuatro de sus miembros.

Además, también se recurrió al método de la "desaparición" forzada para eliminar sin dejar rastro a cientos de integrantes del movimiento. En 1994, la UP perdió al último de los miembros de su bancada parlamentaria, al ser asesinado el senador Manuel Cepeda-Vargas. Los autores antes mencionados apuntan que:

"Con anterioridad, ocho congresistas habían sido víctimas de mortales atentados ocurridos, mayoritariamente, en sus domicilios. Cientos de alcaldes y representantes de los poderes locales han sido eliminados. En ocasiones se ha presentado el asesinato sucesivo de hasta cuatro alcaldes del movimiento en una misma localidad. Las sedes de la UP han sufrido los estragos devastadores de más de treinta atentados dinamiteros, y también se ha recurrido al silenciamiento de los testigos, de los sobrevivientes y de los familiares de las víctimas que han exigido justicia."

Sobre los miles de atentados constatados por los organismos defensores de los DDHH cometidos contra la UP, tan sólo en cuatro la justicia colombiana había emitido sentencias condenatorias entre 1985 y 1992.

Para concluir las operaciones de un Estado terrorista, la justicia electoral del mismo Estado le cancela a la UP el estatuto legal que le permitía presentarse a elecciones porque "no reunía el número de sufragios electorales necesarios" para la renovación de su personería jurídica. Situación lógica desde que sus candidatos eran asesinados y sus votantes perseguidos.

Después de la destrucción física del grupo político por parte del poder estatal, se legalizó su "defunción" con una decisión oficial. Desde entonces se haría muy difícil para la izquierda constituirse como oposición legal, dato a tener muy en cuenta al analizar el fenómeno de las FARC en un contexto nacional no exento de una recurrente violencia, incluso desde el Estado.

Una nueva estrategia guerrillera

Ante la nueva coyuntura de traición a las conversaciones de paz, que se iniciaran con tantas esperanzas en La Uribe, se radicaliza el accionar de la guerrilla. El nuevo modo de operar de las FARC-EP significa que ya no esperan a su enemigo para emboscarlo, sino que van en pos de él para ubicarlo, asediarlo y coparlo.

En los próximos años, las operaciones de la guerrilla crecerán en espectacularidad y en número. Su asentamiento en El Pato y la Cordillera Oriental parecerá definitivo cuando las mismas fuerzas represivas reconozcan la imposibilidad de desalojarlos de la región del Meta y el río Guayabero, en el Guaviare. Decía el coronel Correa Curbides:

"No podemos seguir permitiendo un país comunista e independiente dentro de Colombia."

Un cronista del diario *El Tiempo*, de Bogotá, en septiembre de 1980, realizará una reflexión que podría constituirse en síntesis del resultado de más de cincuenta años de enfrentamientos:

"En el corazón de Colombia hay otro país, completamente independiente, cuya extensión es de tres mil kilómetros cuadrados y se llama El Pato. Aquí no hay ni siquiera un inspector de policía. Los colonos no saben lo que es una urna electoral. La ley la imponen más de mil doscientos hombres que se hacen llamar Fuerzas Armadas Revolucionarias de Colombia. Si alguien mata, roba, viola, fuma marihuana o comete otro delito, lo juzgan las FARC, y lo más seguro es que sea condenado a muerte o a trabajos forzados en la finca de la víctima. Todos los niños nacidos en esta selva, desde hace quince años, fueron recibidos por las manos de médicos guerrilleros, y profesores guerrilleros les han enseñado a leer y escribir. Pero no en la cartilla 'Alegría de leer' sino en 'El origen de la familia, la propiedad privada y el Estado' de Federico Engels."

Los generales confirmaban extensamente el aserto periodístico, aunque estas mismas autoridades parecían no ser conscientes de que "otros Estados", aún más desenfrenados e impiadosos que el supuesto por la guerrilla de las FARC, imperaban en otros fragmentos de la geografía colombiana.

Han pasado casi treinta años desde que estas autoridades reconocieran su impotencia para establecer la hegemonía absoluta del Estado colombiano sobre el territorio. Las cosas no han cambiado mucho, pero el mítico Manuel Marulanda Vélez, clasificado como enemigo público número uno, se ha muerto de viejo en sus narices sin que a lo largo de todos estos años le hayan podido prender. Como decía Arturo Alape:

"La muerte natural del perseguido [ha de ser] un duro golpe en el corazón del perseguidor, al tocar las sensibles fibras de su odio acumulado, y dejar sin argumentos su razón de ser, porque se le ha escapado la víctima como se escapa el polvo entre las manos."

Capítulo 5
EL NARCOTRÁFICO

"Todos los negocios, toda la política, todo el arte, en una palabra, toda la vida de Bogotá que piensa y actúa, como sucede en varias de estas repúblicas suramericanas –de por fuerza oligárquicas– se concentra entre las manos de cincuenta familias conservadoras que arrebataron esa misión a otras familias liberales..."

Pierre D'Espagnat, "Souvenirs de la Nouvelle Grenade"
Revue de Deux Mondes, 1900.

El término *narcotráfico* no tiene una historia muy dilatada. En verdad se lo emplea frecuentemente en la prensa internacional en los últimos veinte o treinta años. Por lo general, su utilización no remite exclusivamente al fenómeno de la comercialización internacional de sustancias narcóticas, sino que suele aludir con mucha más frecuencia al cultivo de los vegetales involucrados en la producción final de alcaloides. Dado que la cocaína ha sido en las últimas décadas la droga preferida en los estratos altos de la sociedad norteamericana y europea, se forjó en estas sociedades la imagen de países básicamente localizados en América del Sur, cuyo destino en este mundo es ser productores de drogas para las clases medias y altas de las sociedades centrales.

Por supuesto, esta imagen borrosa desconoce que estos cultivos tienen en las sociedades americanas un origen histórico y cultural que se remonta a siglos muy anteriores a la llegada de los europeos.

La planta de la coca es consumida por las poblaciones andinas desde tiempo inmemorial, e impregna la cultura del pueblo quichua, aymara y muisca, todos ellos originarios en la geografía ocupada hoy por seis Estados de Sudamérica: Colombia, Ecuador, Perú, Chile, Argentina y Bolivia.

En muchos casos su uso conserva fines rituales ancestrales; con mayor frecuencia, su masticado provee alimento y energía en condiciones climáticas muy duras. El "acullico", puñadito de hojas de coca que los pobladores de la región mastican el día entero, provee a la saliva una gran cantidad de proteínas y vitaminas, al tiempo que permite a su consumidor soportar con mayor comodidad los obstáculos que impone la altura (por lo general más de dos mil metros sobre el nivel del mar) a cualquier trabajo rudo, como el que impusiera a estos pueblos la conquista hispana.

No resulta casualidad que el cultivo de esta planta fuera expandido en forma entusiasta por los españoles después del descubrimiento de las minas del Potosí. "Coca para el mitayo que excava las profundidades del cerro Rico, que entrega la plata que inunda Europa", es una consigna de la administración hispana en el Virreinato del Perú.

Desde entonces, la coca fue un símbolo de poder y riqueza de las familias terratenientes. En su obra *Los pueblos indígenas del Perú y el desafío de la conquista española en Huamanga hasta 1640*, Steve Stern señala:

"Los empresarios más dinámicos establecieron plantaciones de coca a lo largo de los límites orientales de Huanta (Huamanga)".

La llegada de las administraciones criollas independientes nada cambió en este aspecto, desde que la producción de la minería siguió siendo el principal producto de exportación del Perú y Bolivia. En el siglo XIX se fundaría en Bolivia la Corporación de Productores de Coca de Bolivia S. A. (Colcalivia SA); y aun en el siglo XX la Sociedad de Propietarios de los Yungas –creada en 1940– negociaba con empresarios argentinos la provisión anual de quinientas toneladas para atender la demanda de los braceros que emigraban al norte argentino para la zafra del azúcar y otros cultivos.

De la coca a la cocaína

No fue sino hasta el siglo XIX que las antiguas y reconocidas propiedades de la coca se transformaron, por arte de un laboratorio norteamericano, en este poderoso fármaco conocido con el nombre de *clorhidrato de cocaína*. El farmacéutico Friedrich Merck lo incorporó a muchos de sus productos y lo distribuyó por todo el mundo. Su "esnifado" solía ser una práctica marginal de las élites intelectuales y artísticas de la Belle Époque, ese renacimiento de las letras y artes que se estrellará contra la Primera Guerra Mundial en 1914.

Tal práctica marginal y acotada persistió en algunas grandes capitales sudamericanas y europeas hasta la mitad del siglo XX, cuando su consumo recibió un impulso inusitado. No sería hasta entonces que aparecería significativamente su cultivo en Colombia, aunque algunos pueblos aislados continuaran con un consumo acotado y ritual. De hecho, el poco peso demográfico y cultural de los naturales en las urbes había confinado hasta entonces este cultivo a áreas muy aisladas en la selva. Esta situación persistió hasta muy avanzados los años setenta.

Productores y consumidores

Con mucha más frecuencia el tema del narcotráfico aparece bajo el aspecto de un problema moral o policial, desconociéndose los componentes económico-estructurales que lo determinan. Aun con mayor asiduidad su problemática es usada como un medio de los países centrales para ejercer presiones de distinto tipo sobre los del Tercer Mundo, origen habitual de la materia prima empleada en la industria de estos psicotrópicos. En este sentido tiende a reemplazar en la retórica de los Estados Unidos su tradicional combate contra el comunismo, que diseñó la política internacional de la superpotencia desde el establecimiento de la Guerra Fría hasta la caída de la URSS en los años 90.

Los países andinos, productores naturales de estos vegetales, resultan el epicentro de la represión mundial sin dudas conducida por los Estados Unidos. Bajo una óptica de carácter moral, estos países resultan estigmatizados como causantes de graves problemas de salud para la población de los países centrales. El auge del consumo de esos productos en las sociedades desarrolladas de Europa y América del Norte se inicia a fines de la década de 1960. Por entonces, ellas transitaban un estadio tardío de lo que se diera en llamar el Estado de Bienestar en Occidente; básicamente, la estructura productiva surgida a fines de la Segunda Guerra Mundial, una economía keynesiana que incentivaba la demanda en previsión de nuevos desastres, como el ocurrido en Wall Street en 1929, que se transmitiría a todas las economías capitalistas como la Gran Crisis del 30.

Muy probablemente, las clases políticas de estos países vieran entonces con alivio que las crecientes dificultades que enfrentaba ese paradigma de desarrollo capitalista (estancamiento de la producción, subida de los costos de la energía, salarios a la baja, etc.) se canalizaran y contuvieran en márgenes que no afectaran la gobernabilidad. Las grandes movilizaciones juveniles, estudiantiles y obreras de fines de los 60 y 70 parecían aplacarse a fines de esa década, mientras se difundía entre la juventud el consumo de narcóticos de nuevo diseño que, en los últimos años, ha explotado en una infinidad de novedosos productos.

En este marco resulta funcional y conveniente la atribución del "problema" a los países productores y no a las sociedades consumidoras. En adelante, las administraciones norteamericanas, llevando muchas veces a la rastra a los dirigentes europeos, han generado una profusión de agencias gubernamentales constituidas por miles de policías, militares, agentes especiales, espías y hasta delincuentes reciclados que, insertados en las sociedades latinoamericanas, han terminado por convertirse en verdaderos problemas de seguridad nacional para los países del área. De hecho, el llamado *combate al narcotráfico* comporta los mismos mecanismos de subordinación de las fuerzas militares y policiales latinoamericanas a la supervisión de las agencias americanas como lo fueran durante la Guerra Fría, con la imposición de la Doctrina de Seguridad Nacional.

Crisis de los cultivos de ciclo corto

Desde 1810, las nuevas repúblicas surgidas en América Latina buscaron desarrollar productos de exportación capaces de sostener económicamente las nuevas administraciones estatales. Estos productos, dada la división internacional del trabajo entre potencias centrales y países periféricos, no podían ser otros que los surgidos de la tierra: minería y cultivos. Así, estos países tentaron la posibilidad de obtener sustento en algunos casos con exportaciones que, al hacerse regulares, fueron el estereotipo de algunas sociedades: es el caso del café y el cacao en Brasil; el trigo, las carnes y lanas de Argentina; el cobre chileno o el petróleo venezolano. En otros casos sólo pudieron obtenerse recursos sobre la base de exportar renglones de gran demanda coyuntural, pero incapaces de sostenerse en el tiempo. Es el caso de las llamadas economías de "ciclo corto", como las exportaciones de guano peruano o de salitre boliviano, del quebracho argentino, las exportaciones de añil centroamericanas, del caucho colombiano o brasileño, etcétera.

Así como el establecimiento de circuitos de exportación de larga duración permitió la construcción de infraestructuras sociales, caminos, puertos y ferrocarriles, también las economías de ciclo corto movilizaron ingentes recursos y fuerza de trabajo, generando a veces importantes emprendimientos. No obstante, éstos fueron de corta duración, su horizonte temporal de ganancias extraordinarias determinó su carácter depredatorio, y al cabo de unas décadas sólo quedaban ruinas abandonadas, hambre en miles de familias emigradas a donde ahora ya no existía nada. Así ocurrió con el quebracho argentino, que depredó los bosques del norte santafecino hasta que los ingleses encontraran un sustituto más barato para el tanino que usaban en sus curtiembres. Lo mismo pasó con el caucho, aquel que llevara a Caruso a cantar en Manaos, reemplazado luego con productos sintéticos. El añil fue sustituido por otros colorantes, y el salitre y el guano suplantados por fertilizantes nitrogenados de factura industrial. La coca, no en tanto consumo tradicional de las poblaciones de la región si no es transformada en cocaína, debe ser incluida entre estas economías de ciclo corto, que simbolizan el desarrollo espasmódico de inmensas áreas latinoamericanas.

Otro fruto: la violencia

Debiera realizarse una segunda diferenciación entre productos de exportación de ciclo corto obtenidos en áreas centrales y bajo el control del Estado respectivo, y las producciones que se desarrollan en áreas fronterizas o marginales de bosques y selvas, donde los incipientes Estados latinoamericanos no han logrado imponerse. Estas últimas, según señala Hermes Tovar Pinzón:

"Convierten la región en un espacio jurisdiccional de empresarios nacionales y extranjeros. El vacío que deja el Estado es ocupado por estos empresarios portadores de progreso y de violencia."

Se dice que la salvaje explotación cauchera en el Caquetá y el Putumayo colombiano entre 1880 y 1920, dejó más de cien mil indígenas muertos. Algo similar ocurrió con los caucheros de la selva amazónica brasileña, retratada por el cine internacional en la figura de Chico Mendes, asesinado por empresarios mafiosos en diciembre de 1988. Lo mismo puede decirse de la explotación de los quebrachales en el Chaco argentino, abandonado presurosamente por los empresarios británicos durante los años 40, dejando en la región sólo ruinas, terreno pelado y desolación. El apuro por acabar con los últimos ejemplares de quebracho colorado les entró a estos empresarios cuando supieron que este árbol monumental tarda más de cien años en reproducirse, circunstancia que, desde su óptica, convertía en antieconómica la reposición de los derribados. Con ellos se fueron todas las líneas férreas que decían estar construyendo en el monte chaqueño. Desastres ecológicos y genocidios persiguieron a estas formas precarias de explotación durante todo el siglo XIX y parte del XX.

Estas economías tienen varias características comunes, y en general se ordenan en una serie de etapas y presupuestos que pueden sintetizarse de la siguiente manera: se introducen en zonas campesinas e indígenas donde la demanda del producto hasta ese momento sólo satisfacía necesidades domésticas; traen consigo capitales que se emplean en la ocupación de tierras nuevas y en el establecimiento de pequeñas infraestructuras para la exportación en bruto o con muy poca elaboración. Los antiguos ocupantes son desposeídos de sus tierras y convertidos en peones dependientes; promueven una inmigración de fuerza de trabajo que en lo inmediato genera un alza salarial; la escasa disponibilidad de alimentos y otros recursos genera al mismo tiempo inflación y alza desmedida de sus precios, lo que perjudica a las poblaciones no involucradas en ese comercio. La bonanza salarial, en poblaciones de hombres solos trasladados, crea necesidades suntuarias y un auge de actividades asociadas que deforman el orden social –consumo exagerado de licores, prostitución y juego–. Por otro lado, un reducido número de empresarios y comerciantes acumula excedentes fabulosos, para luego abandonar rápidamente la zona cuando el ciclo corto del producto culmina. En la zona antes ocupada quedan ruinas, pobreza, desolación y una propensión a la violencia social que permanecerá cuando la actividad económica desaparezca.

Primaveras fugaces

La historia de estas desilusiones, magníficamente retratadas por Eduardo Galeano en *Las venas abiertas de América Latina* hace ya cincuenta años, pudo creerse superada en el siglo XIX o en la primera mitad del XX. Sin embargo, sus tribulaciones permanecen, y no poseen características distintas el reciente *boom* de la cocaína, el más antiguo de la marihuana, o el flamante emprendimiento de colonos en la plantación de amapola para la producción de heroína.

En cualquier caso, como describíamos en los primeros capítulos de este trabajo, el café se transformó en el principal producto de exportación colombiano, y su renta proveyó los recursos impositivos para sostener el Estado. De hecho, en los años 70 Colombia tuvo una segunda bonanza cafetera, aunque esta vez se combinó con una entrada inusitada de dólares producto de la exportación clandestina de marihuana.

A este nuevo engranaje de la economía local se lo bautizó como Bonanza Marimbera. Por otra parte, como ocurriría numerosas veces en el futuro, estos capitales ilícitos fueron legalizados gracias a la "Ventanilla Siniestra" del Banco de la República durante el gobierno "progresista" de Alfonso López Michelsen. Los mismos capitales se verán involucrados en una nueva bonanza cafetera en el futuro, o en la más rentable explotación de la amapola después. En resumidas cuentas, los capitales tienen en Colombia una notoria fluidez entre economías legales e ilícitas. La colusión de ambas "bonanzas" hizo que Colombia viviera un auge desmesurado de su economía. Aunque en medio de esta falsa prosperidad aumentó el descontento de la clase trabajadora que se vio enfrentada a los problemas inflacionarios que se derivaron de esta expansión, a tal punto que en septiembre de 1977 las centrales obreras realizaron un gran Paro Cívico Nacional en protesta por la muerte de varios sindicalistas y trabajadores heridos a manos de la fuerza pública y, en general, por las medidas antipopulares de su gobierno. El gobierno de López, como el de sus antecesores, contestó con la imposición del Estado de sitio y el toque de queda.

El ciclo económico de la cocaína

Como ocurriera un día con el tabaco de Ambalena, con la economía cauchera, quinera o añilera, la bonanza "marimbera" desapareció dejando tan pocos progresos como sus similares. Se esfumó el dinero que corría a manos llenas por las aldeas, se fueron las muchachas alegres que llenaban los prostíbulos, cerraron bares y casinos, y en los pueblos del trópico sólo quedó la miseria y un resentimiento que se expresaba en nuevas formas de violencia.

Algo distinta era la situación en las grandes ciudades y los poblados del Caribe. La marihuana inundó de dólares la costa atlántica desde la Guajira hasta Urabá, y ofreció a muchos marginales la posibilidad de convertirse en intermediarios de un negocio floreciente. Proliferaron las motos y los autos deportivos. En las barriadas se reclutaban transportistas, traficantes, "mulas". Cali y Medellín fueron testigos de este progreso excepcional de los grupos más bajos de la sociedad. Cuando su impulso se agotó, llegó la cocaína para revitalizar el mercado.

¿De dónde provenía el nuevo "maná" para valorizar los capitales ociosos? En 1978 comenzaron a aparecer hombres blancos por el territorio indígena del Vaupés, en el oriente colombiano. Estaban interesados en comprar las pobres cosechas de coca que los naturales usaban para sus rituales y consumo doméstico. Muy pronto se amplió la frontera agrícola y los indígenas se vieron precisados a extender sus cultivos para responder a una demanda creciente. Otras gentes llegaron con los primeros compradores, ahora en busca de tierra.

Los recién arribados trajeron nuevas técnicas de cultivo, cuidados del suelo, selección de semillas, aplicación de herbicidas; los naturales se vieron obligados a ceder sus tierras y, casi de inmediato, a convertirse en peones recolectores en sus propias tierras ancestrales.

Entre 1978 y 1983, la producción creció exponencialmente; una leve caída de la demanda se recuperó muy rápido, hacia 1986. Sobre una base cien para 1978, el precio de la arroba de coca (veinticinco libras: once kilos y medio) subió a trescientos setenta y cinco en 1982, bajó a treinta y uno en 1984 y ascendió a ciento ochenta y ocho dos años después. La rápida colonización fue funesta para las comunidades indígenas de la región: los hombres fueron esclavizados como recolectores en las plantaciones de estos aventureros, responsables además de haber sometido a sus mujeres a un acoso sexual insoportable, hasta edificar y generalizar la prostitución.

Integración y cambios sociales

La prostitución ganó un espacio desconocido en estas sociedades. En medio del *boom* coquero en Cartagena del Chairá, un pequeño centro urbano inundado de bares, discotecas y prostíbulos, había cuatrocientas prostitutas cuando todo el poblado no superaba las quinientas casas. La embriaguez y los homicidios serían moneda de todos los días. Las autoridades policiales –nunca demasiado morales– fueron muy pronto corrompidas por el dinero que circulaba a manos llenas. En este marco, y ante la ausencia o la complicidad de los representantes del Estado, se dio la situación de que sólo las guerrillas fueron capaces de instalar algún orden, y se transformaron en guardianes de la moral y las buenas costumbres.

Por supuesto, tal movimiento de dinero no podía quedar restringido a un oscuro rincón de la selva. A un lugar tan aislado era necesario transportar alimentos, combustibles, y los productos químicos imprescindibles para el tratamiento de la planta y su transformación en cocaína: acetona, éter, soda liviana, permanganato y ácido sulfúrico, que provenían de los laboratorios norteamericanos y europeos. Y también crecieron los vuelos para abastecer el aumento de pasajeros que iban y venían de la selva a la ciudad.

Debe destacarse el movimiento económico marginal que supone la acumulación de los productores rurales. El grueso de las ganancias no es atesorado siquiera por los empresarios productores de la droga, sino que aquí deben sumarse empresarios del transporte aéreo y la alimentación, contrabandistas, el importante aparato financiero involucrado en el "blanqueo" de cuantiosos ingresos ilegales y los laboratorios del primer mundo que proveen de los precursores químicos. Todo ello sin contar las formidables contribuciones empleadas para lubricar mediante sobornos la circulación de los factores de producción. Como nos dice Tovar Pinzón:

"El capital del combatido alcaloide ha sido capaz de irrigar de exuberantes ganancias toda la piel y las venas de la economía colombiana y de la economía mundial. Este mercado, en sus círculos mágicos de oferta y demanda, ha envuelto a los más puros defensores de la sana empresa y de la doble moral."

La tentación del crimen

Por la misma época se verificaba un fenómeno similar en la zona del Caguán. En este caso no se trata de población indígena, puesto que el Bajo Caguán se había visto sometido a sucesivas colonizaciones, resultado de migraciones inducidas por la represión gubernamental sobre el campesinado, fenómeno que ya desarrolláramos en los capítulos anteriores. En cualquier caso, el proceso fue bastante similar al ocurrido en Vaupés, aunque con un grado de aceleración aún mayor. Los plantíos de coca se inician en la región hacia 1976. Entonces, unas mil trescientas cincuenta personas habitaban dispersas en trescienta cincuenta mil hectáreas; cinco años después, la población asciende a treinta mil personas, y a cincuenta mil en 1985.

De las doscientas sesenta hectáreas por individuo se pasó a un promedio de siete hectáreas por colono, aunque con una expectativa de mejoramiento de las condiciones de vida incomparable con la economía de subsistencia previa basada en el maíz, la yuca y el plátano.

Pequeños granjeros, con uno o dos animales de tiro, dependían del transporte fluvial, enormemente caro, para comercializar sus excedentes. Un predio tradicional producía unas diez cargas de maíz al año, que podían dejar un ingreso de unos doce mil pesos colombianos. Pero la misma fracción de terreno podía entregar cien arrobas de coca que representaban un ingreso bruto de trescientos cincuenta mil pesos. Cuando la ganancia del capital llega a 300%, "no hay crimen que lo arredre, aunque se corra el riesgo de ser ahorcado", decía Marx en el siglo XIX.

Por supuesto, el costo de vida subía espectacularmente, pero al mismo tiempo el nuevo cultivo abastecía demandas que jamás habían estado entre las expectativas de esta población. Superfluas e improductivas, estas demandas se llevaban todos los ingresos de los trabajadores: lanchas, motos y vehículos que quedarían arrumbados cuando el clásico ciclo corto de estas producciones hiciera desaparecer de un momento para el otro todos esos ingresos, imposibilitando el mantenimiento de aquellos o su solo abastecimiento de combustible.

Y la crisis llegó demasiado pronto, cuando hacia 1982 el ejército destacó una furiosa contraofensiva contra las guerrillas campesinas, e imposibilitó todo cultivo en la región del Caguán. Las operaciones tuvieron como correlato la expansión del cultivo de coca a otras áreas vírgenes: Caquetá, el Guaviare, Putumayo...

La coca ha significado la integración de estas poblaciones perdidas en la selva amazónica a una economía mundial clandestina. ¿De dónde proviene tanta gente ávida de trabajar en la selva, aislada del mundo, sujeta a la clandestinidad que le impone la represión gubernamental y multinacional?

Debe partirse de constatar que la violencia estatal desde 1948 ha generado la barbarie de tres millones de desplazados y refugiados a los que sólo se les ofrece escapar al monte para encontrar la subsistencia. El proceso de colonización de tierras nuevas ha sido incesante. Entre 1950 y 1987 la frontera agraria colombiana pasó de diecinueve a treinta y cuatro millones de hectáreas; esto se corresponde con un crecimiento anual de 2.1%, cuando un país inmenso y despoblado como Brasil lo hizo a un ritmo de 1.6 por ciento.

Así, se calcula que la cantidad de gente involucrada en toda esta economía clandestina (cultivadores, transportistas, productores, *dealers*, etc.) involucra a 3% de la población económicamente activa; esto es alrededor de un cuarto de millón de trabajadores. Su cultivo, que abarca en la actualidad unos tres millones de hectáreas, no entraña riesgos ambientales, pero en cambio la producción de cocaína es una actividad para nada inofensiva, puesto que su procesado con químicos que no reciben posteriormente ningún tipo de tratamiento contamina los ríos. Paradójicamente, al dedicarse los cazadores de pieles del Vaupés a este cultivo, muchas de sus víctimas en peligro de extinción respiran aliviadas.

Herbicidas al ataque

Pero la disminución de la caza de especies salvajes no reduce en absoluto la agresión al medio ambiente. De ésta se ocupan las fumigaciones gubernamentales que financia el Plan Colombia.

La gama de tóxicos utilizada es abrumadora, se han tirado desde alturas desaconsejadas productos químicos como el Paraquat y el Triclopyr, e incluso otros más nocivos, como el Imazapyr, la Hexaxinona y el Tebuthiron. Pero de todos estos tóxicos y herbicidas, la vedette es el *Round Up*, de Monsanto. Desde 1986, el glifosato hace maravillas. Enriquece a la burguesía agraria plantadora de soja en Brasil, en las llanuras del occidente boliviano y en las extensas pampas argentinas, donde poco a poco la soja va reemplazando todo otro cultivo.

En Río Blanco, municipio del Departamento de Tolima, donde nacen las tres cordilleras de Colombia, los aviones sembraron la peste sobre las parcelas, el agua, los animales, los seres humanos. Arrojan los pesticidas desde muy alto. Dicen que no bajan más por temor a la guerrilla, pero los prospectos técnicos del glifosato indican que no puede ser dispersado desde una altura superior a los diez metros sin consecuencias muy negativas. Incluso las dosis utilizadas en la región (trece litros y medio por hectárea) superan las graduaciones máximas establecidas por el fabricante (dos litros y medio por hectárea).

Estos planes consiguieron en las zonas tratadas con el herbicida eliminar toda planta de coca, aunque con ellas se hayan ido el café, la yuca, la banana y ¡hasta los monos!

Un médico de Sucre, citado por Maurice Lemoine, que subió hasta las aldeas ubicadas en la altura, manifiesta:

"Examiné a los pacientes. Todos presentan los mismos síntomas. Se trata de intoxicaciones provocadas por organofosforados. Las posibles consecuencias dependen de qué tipo de tóxico se trate. Yo lo ignoro. Imposible hacer cualquier pronóstico."

Una campesina cuenta con desesperación:

"Yo estaba arriba cuando fumigaron, y tomé agua. Estaba embarazada de siete meses y perdí mi bebé. Tengo dieciocho años, era mi primer hijo y yo estaba feliz de tenerlo. Ellos me lo mataron."

La aplicación continuada de *Round Up* en los cultivos de soja, combinado con plantación directa y semillas modificadas genéticamente, comienzan a exhibir las consecuencias para el medio ambiente; el viento lo dispersa sobre otros cultivos a los que asesina como si se tratara de alimañas. Pero, además, llevado por las lluvias hasta los cursos de agua, propaga la contaminación por ambientes muy alejados de la explotación.

Presionados por el gobierno norteamericano, los Estados de la región emplean a sus fuerzas armadas en un trabajo de una inutilidad manifiesta. En una picada abierta en la selva, soldados armados de machetes, señala Lemoine, se dedican a erradicar:

"...las malezas. La coca ya la habían arrancado en junio, disparando al aire, aterrorizando a la comunidad. No tienen muchas ganas de internarse en la selva: el clima se vuelve caluroso y dos soldados ya fueron muertos poco tiempo antes. Pero hay que 'cumplir con las cifras' (tres hectáreas por día), alimentar las estadísticas, 'contentar a Banzer y a Clinton'. Sería para reírse, si no fuera que por el mismo motivo, para mantenerse 'ocupados', destrozaron todas las plantaciones de los alrededores (ananás, bananas, naranjas, yuca), última esperanza de subsistencia de los campesinos."

Para los militares colombianos la acción tiene un destinatario definido: la versión oficial sostiene que la guerrilla de las FARC se financia con el impuesto cobrado a campesinos y traficantes. El terror producido por la persecución gubernamental, el acoso de los paramilitares al servicio de los grandes capos de la droga y los grupos irregulares armados por los latifundistas para apropiarse de sus tierras, entrega mansamente esta población a la protección de los insurgentes, desde que ésta ha sido su tarea desde los más remotos orígenes de la guerrilla de autodefensa rural.

Paradójicamente, la zona elegida para fumigaciones, bombardeos y desmalezamientos (el Caquetá y el Putumayo) parece obedecer a un interés distinto del proclamado. Existen en las regiones apuntadas importantes proyectos de explotación petrolífera. E incluso el avance de los paramilitares de Carlos Castaño, implicados a gran escala en el narcotráfico, se da en regiones con hidrocarburos, grandes proyectos de canal seco y otras vías fluviales y terrestres. Por ello, los campesinos de esas áreas huyen por decenas de miles, aterrorizados. Nadie quiere mencionar en los salones del poder que en la misma zona se expande el llamado Cártel del Sur, una banda de "narcos" dirigida por militares colombianos.

¿Escuelas o soldados?

Pero resulta que cuando crece la represión al cultivo y tráfico de la coca, aparece entonces una nueva planta milagrosa capaz de inundar de dinero la selva. Parece ser que el clima templado de las cordilleras andinas es ideal para el cultivo de la amapola. Pero además se ha vuelto conveniente la búsqueda de nuevos horizontes para el negocio de la heroína desde que los Estados Unidos y la OTAN desataran una guerra feroz sobre Afganistán, que fuera desde antiguo la sede tradicional de estos cultivos. Se cree que ya ocupan veinte mil hectáreas en predios muy separados. Han elegido las regiones del Tolima, el Huila y Cauca, todos sitios de antigua tradición insurgente, donde la represión y los bombardeos consiguieron empujar a la emigración a los pequeños campesinos.

Por eso son jornaleros de pueblos y aldeas del Tolima quienes llegan en masa para ofrecerse a los capitalistas. Éstos los convidan con unos ingresos que hacen delirar de ilusión a los solicitantes: cuando en la región de Huila se ofrecían mil ochocientos pesos, unos tres dólares, a un jornalero en las plantaciones de café, los capitalistas de la amapola ofrecían un jornal de ocho mil quinientos pesos, catorce dólares, a quienes se emplearan en sus plantíos. Cuando la pureza de la heroína colombiana conquiste el mercado norteamericano, miles de agentes de la DEA y otras agencias se volcarán sobre el país para hacerle la vida difícil a su pueblo.

Y, sin embargo, parecería que el campesinado estaría muy bien dispuesto a abandonar estos cultivos ilegales que le representan una crecida renta pero también peligros considerables, como las fumigaciones y toda la *troupe* del circo que acompaña a estos emprendimientos en las aldeas del trópico.

Demandan, es claro, que el Estado llegue a sus tierras con caminos, con escuelas, con transportes baratos que les permita comercializar sus producciones tradicionales, con créditos para la inversión agrícola, con fertilizantes, con apoyo técnico.

Los ofrecimientos de las agencias internacionales de control son por el contrario irrisorios: centenares de millones de dólares invierte Estados Unidos en el Plan Colombia, y la mayor parte se gasta en fumigaciones, armamento, helicópteros, sueldos de la tropa y los numerosos "agentes especiales". Apenas unas decenas se destinan a subsidios para sustitución de cultivos.

De algo hay que vivir

El engaño a los campesinos se ha reiterado por años. Un ejemplo puede aclarar el tema: en 1998, una asamblea comunitaria indígena decidió acabar con las plantaciones de amapola en su territorio. Se firmó un acuerdo con el gobierno para reducir las superficies sembradas a cambio de un proyecto de desarrollo. Para diciembre de ese año, los indígenas habían cumplido con su palabra: "ni un centímetro de amapola", pero el gobierno no cumplió con la suya. En el resguardo indígena –dos mil hectáreas muy agotadas para cinco mil habitantes– la tierra es insuficiente, pero en los alrededores no. Allí la tierra está en poder de los ganaderos o de la sociedad multinacional Cartón de Colombia, que explota los bosques para producir pasta de papel. Desde hace quince años el resguardo reclama una reforma agraria. Frente a la sordera del gobierno, los campesinos indígenas volvieron a sus parcelas, y otra vez llegaron los aviones. Ahora esas cinco mil hectáreas ya se encuentran disponibles para ser monopolizadas por los mismos de siempre.

La comunidad de Ivirza había optado por el cultivo de maracuyá, uno de los cultivos estrella que se intenta imponer a los campesinos en reemplazo de la coca y la amapola, al igual que el palmito y el ananás. Pidió entonces apoyo técnico al Estado. Pero resulta que al levantar la primera cosecha no encontraron mercado. Inútilmente dirigieron reclamos y súplicas a los responsables del Programa de Desarrollo Alternativo. Al final se vieron obligados a regalar la producción. Es claro que regresaron a aquellos cultivos que, aun con peligros, les procuraban la subsistencia.

Pero ¿de qué si no podrían vivir los campesinos? La competencia de los alimentos básicos producidos industrialmente en el norte, muchas veces exportados con subvenciones al sur del Río Bravo, produjo una abrupta caída de la producción de alimentos. Desde la apertura total del comercio, Colombia perdió setecientas mil hectáreas de tierra agrícolas; autoabastecida de arroz a comienzos de la década de 1990, actualmente importa cuatrocientas veinte mil toneladas anuales.

Lo mismo ocurre en otros países del área: en Perú, el arroz vietnamita y el maíz brasileño cuestan 20% a 30% menos en los mercados urbanos que los mismos productos cultivados en el valle del Huallaga. Pero además las continuas fumigaciones en el área han acabado también con los cultivos lícitos. Desde que los aviones reanudaron sus paseos por los cielos de la selva, nadie en los pueblos cercanos quiere comprarles sus productos, que consideran contaminados. "No tenemos la intención de morir. Un día la copa va a rebasar", manifiesta un campesino aún remiso a reconocer frente al investigador o el censista que los insurgentes no les son del todo hostiles.

Ésta es una realidad incómoda, a menudo relegada de los titulares de los diarios, que sólo exhiben razones de índole militar frente al problema.

Capítulo 6
EL NUEVO PODER

> "El dinero es como un sexto sentido: sin él
> no se pueden usar los otros cinco."
>
> W. Somerset Maugham

Pero si bien estos cultivos representan la subsistencia para centenares de miles de campesinos (por no hablar de millones) y un muy probable financiamiento a parte de la actividad guerrillera, lo que puede constatarse más fácilmente es que la producción y tráfico de cocaína han generado una nueva burguesía pretenciosa y autoritaria que se ha acomodado muy bien a los usos y tradiciones de la antigua oligarquía terrateniente.

Como Colombia produce 80% de la cocaína mundial, no estamos hablando por supuesto de un pequeño negocio. La economía de la droga impregna todo negocio lícito en el país y sus ingresos se reciclan fácilmente en la economía formal. Su volumen es consistente con la magnitud que alcanza el cultivo de su planta base; puede estimarse que para elaborar un kilo de cocaína pura se necesitan quinientos kilos de hojas de coca. Esta nueva "industria", como sucede con toda irrupción de un *boom* económico, genera tanto una red de empresas paralelas como una cúpula dirigente con modalidades propias.

Una de las particularidades de esta nueva burguesía es la forma que adopta para su integración y cohesión interna. Es característica común que todos los cárteles de droga en Colombia, y otros países latinoamericanos, estén constituidos por familias. Hermanos, primos, sobrinos, etc. forman el vínculo que liga a los miembros de las organizaciones delictivas, como ya ocurriera con la mafia y la camorra en el sur de Italia y en los Estados Unidos.

La burguesía traficante

Quizá uno de los ejemplos más típicos de esta modalidad organizativa sea el llamado Cártel de Medellín, cuyo dirigente más conocido fuera Pablo Escobar Gaviria. Del grupo formaban parte su hermano Roberto; su primo Jesús Gaviria Rivero, que fuera su mano derecha y secretario privado; y su otro primo, Hernando Gaviria Gómez. Su estructura es piramidal, y en su cúspide contiene en general un solo nombre. Al líder lo siguen en el mando sus lugartenientes (por lo general familiares directos) y por debajo se agrupan profesionales (para tareas específicas) y empleados rasos. Los profesionales aseguran el procesamiento de la materia prima en el laboratorio, otros especialistas se encargan de la supervisión del transporte y la seguridad de los envíos. El "lavado" de los ingresos, esto es la legalización del dinero producto de este tráfico, está en general a cargo de expertos contadores con una inmaculada inserción en las finanzas internacionales. Una abultada nómina se encarga de las tareas de carga y descarga, conducción de vehículos terrestres, aéreos y marítimos, custodia, y las brutales masacres de competidores o proveedores díscolos.

El caso de Pablo Escobar es paradigmático. La rápida acumulación de una cuantiosa fortuna le permitió dedicar recursos económicos al bienestar social de sus antiguos vecinos del pueblo de Envigado, en Antioquía. Así se construyeron plazas, se pavimentaron calles y el jefe narco conquistó una popularidad que le valdría su incorporación al Senado Nacional. En los últimos tiempos, el estallido del caso de la llamada "parapolítica" probó ampliamente que las relaciones directas entre el narcotráfico y la clase política colombiana eran mucho más extensas y habituales que las supuestas a partir del encumbramiento de Pablo Escobar Gaviria.

Negocio en reformas

La otra organización tradicional que se ocupa en la producción y tráfico de drogas es el llamado Cártel de Cali, comandado por los hermanos Rodríguez Orejuela. Ambos colaboraron con la represión a Pablo Escobar, su competidor, aunque hoy los dos hermanos están presos en cárceles de los Estados Unidos, extraditados por el presidente Álvaro Uribe Vélez. Después de ser duramente golpeados por la represión a principios de la década de 1990, los sobrevivientes de los dos grandes cárteles se reúnen en La Calera, Bogotá, y acuerdan conformar "minicárteles", a fin de no ser tan fácilmente detectables y dificultar la acción de las fuerzas que adelantan "la guerra contra las drogas".

Esos "minicárteles" son los ocupados hoy en el envío de cocaína y heroína a los países desarrollados. Así se forman minicárteles en la Costa Atlántica, el Valle del Cauca, Antioquia, Tolima, Nariño, hasta llegar a la increíble cifra de trescientos minicárteles en el año 2004.

La represión al narcotráfico durante los años 80 extremó la reacción de los cárteles de la droga, que respondieron al accionar del Estado con atentados y masacres. El punto que más enardecía a los delincuentes era el convenio firmado por el gobierno colombiano con su homólogo de los Estados Unidos, que sancionaba la extradición de los jefes narcos enjuiciados en este último país. En el marco de la reacción de las bandas de narcotraficantes debe mencionarse la voladura en el aire de un avión de pasajeros de la empresa Avianca; las masacres de agentes de la policía; el atentado contra el edificio del Departamento Administrativo de Seguridad (DAS); el asesinato de ministros y ex ministros de Justicia; la colocación de autos bomba en centros comerciales, etc. La presión fue de tal envergadura que llevó al presidente César Gaviria Trujillo a intentar la pacificación del país a través del dictado de una nueva Constitución que excluyera la extradición a Estados Unidos de ciudadanos colombianos.

La constituyente aprobó la nueva redacción en julio de 1991, y el suceso promovió la presentación espontánea y voluntaria de Pablo Escobar ante las autoridades policiales que lo requerían. Juzgado y condenado, el Estado encaró para el cumplimiento de aquella condena la construcción de una cárcel nueva en Envigado, a fin de alojar a tan importante recluso. Pero, no obstante las facilidades con que contaba en una cárcel que funcionaba casi como su cuartel general, en julio de 1992, Pablo Escobar decidió fugarse de la prisión alentado por el rumor de que sería trasladado.

La imagen del gobierno, como es natural, cayó a profundidades abismales desde que se probó que el delincuente se encontraba en la promocionada cárcel "más segura del mundo", asistido por sus empleados, que lo rodeaban de lujos y comodidades; un hotel cinco estrellas del que repentinamente resolvió partir sin despedirse. Luego, en diciembre de 1993, moriría en un enfrentamiento con las fuerzas de seguridad.

"Lavadores" de dinero

La posesión de inmensas fortunas en efectivo permite la migración muy rápida de estos capitales a otros negocios, lícitos o ilícitos. Así ocurrió con el producto de la "bonanza marimbera" en los años 70, que se reinvirtió en parte en la producción ganadera y cafetalera a fines de esa década y en la naciente economía de la coca en los 80. Desde los años 90, estos mismos capitales se volcaron con fruición al negocio de la amapola y la heroína. Los métodos para el "lavado" de cifras tan importantes son múltiples, y a veces muy sofisticados aunque la mayoría de las operaciones pueden ser tipificadas en tres modelos principales:

1. El transporte clandestino del dinero a paraísos fiscales en donde las autoridades gubernamentales realizan muy pocas preguntas sobre el origen de los capitales invertidos. Desde las instituciones bancarias afincadas en estos lugares, los capitales son luego girados a las principales sedes financieras del mundo. Entre los abundantes paraísos de este tipo pueden mencionarse: Antigua y Barbuda, Aruba y las Antillas Neerlandesas, las Bahamas, Bahrein, Chipre, las Islas Caimán, Liechstenstein, Panamá, Malta, San Marino, las islas Seychelles, entre otras.

2. Las compras en efectivo de bienes y servicios, propiedades, etc. en el país productor y en los de destino de la mercancía. Como estos últimos tienen en general normas más rigurosas respecto al origen de los dineros invertidos en el mercado inmobiliario, los capitales de origen ilícito se limitan en estos países a la compra de bienes muebles. Es así como la venta indiscriminada de armas en los Estados Unidos permite a estas bandas proveerse

de armas modernas de muy grueso calibre que reingresan a México por los mismos corredores fronterizos por los que circula hacia allá la droga. Muchas veces, estas bandas de narcotraficantes poseen un armamento mucho más moderno y sofisticado que el empleado por las fuerzas policiales que las combaten en los países productores.

3. La tercera modalidad, la más reciente y efectiva, se refiere a la compra de paquetes accionarios en el mercado financiero. La flexibilización absoluta de las normas de control sobre la circulación financiera en los países centrales, la denominada *desregulación financiera* que fuera consecuencia del triunfo ideológico del neoliberalismo desde principios de la década del 80, se constituyó en una magnífica oportunidad para la legalización de estos capitales. Una vez reingresados en el circuito son indetectables respecto a cualquier negocio lícito, aunque se sabe que tienen un volumen semejante al de las principales empresas de Colombia.

Los ejércitos del narcotráfico

A la par de su crecimiento económico, estas organizaciones han crecido en el número de individuos involucrados en las actividades violentas. Del grupo de sicarios aislados se ha pasado a la forja de verdaderos ejércitos de asesinos, grupos paramilitares y parapoliciales que amparan el negocio del narcotráfico, limpiando de obstáculos su actividad. Con el eufemismo de *obstáculos* nos referimos a guerrilleros que dificulten el transporte, pretendan participar con impuestos en el negocio o simplemente defiendan a los campesinos productores o acopiadores de la explotación de "los capos del Cártel"; también a autoridades municipales o policiales que se opongan a su negocio, o a los mismos campesinos, cuando encaren cualquier reivindicación o reclamo frente al despotismo narco. Estos ejércitos privados se constituyen en otro actor autónomo que amplía la pluralidad de aparatos estatales que se disputan el dominio de la sociedad y el territorio colombiano.

Pero la nómina de aparatos estatales con pretensión de autonomía no se limita a los tres actores mencionados hasta ahora, puesto que debe agregarse a éstos el poder constituido por las autodefensas armadas por los terratenientes, que actúan en su beneficio contra el pequeño campesinado y las exacciones de la guerrilla. Muchas de ellas nacieron a fines de los años 60, en el marco de una política recomendada por los asesores estadounidenses para "quebrar" la insurgencia campesina. A partir de 1985, se transformaron en el brazo armado de los narcotraficantes y, a la vez, en tropas mercenarias que ejecutaban las tareas sucias del ejército contra la guerrilla. Desde 1997 se reagruparon en las Autodefensas Unidas de Colombia (AUC).

Esos paramilitares cuentan con un armamento muy sofisticado y actúan con un nivel de barbarie pocas veces visto aun en el marco de los tradicionales genocidios de la historia latinoamericana. Hace algunos años, uno de sus más importantes líderes, Carlos Castaño, justificaba la ingente muerte de civiles por sus tropas. Citado por Lemoine, señalaba:

"En esta guerra, sucumben muchos civiles. ¿Sabe por qué? Porque dos tercios de la fuerza efectiva de la guerrilla no tienen armas y actúan en tanto que población civil."

Tal declaración de Castaño no deja de ser una forma curiosa de reconocer que, básicamente, se asesina a gente desarmada.

Los otros irregulares

El "paramilitarismo" tiene una muy precisa acta de nacimiento. En 1981 los hermanos Ochoa, miembros del Cártel de Medellín, dan nacimiento al MAS (Muerte a Secuestradores), un grupo de doscientos capos del narcotráfico cuyo objetivo explícito es el exterminio de la "guerrilla izquierdista". El grupo fue creado como respuesta al secuestro de Martha Nieves Ochoa por la guerrilla de M-19. Su padre, Fabio Ochoa Restrepo, era un conocido ganadero y criador de caballos finos, y a la vez hermano de Jorge Luis, Juan David y Fabio, líderes junto a Pablo Escobar del Cártel de Medellín.

Los hombres del MAS tienen, por supuesto, el apoyo del Estado, representado por el general Farouk Yanini Díaz, quien desde Puerto Boyacá colabora con la nueva organización un símil de las guardias blancas de los terratenientes que ya de antiguo se desarrollaran en el Magdalena Medio. Su actividad pretendió lavarle la cara al acostumbrado terrorismo del Estado colombiano, asignándole a esta tropa privada la violación sistemática de los Derechos Humanos.

El financiamiento provino en un principio de terratenientes y empresarios, pero muy pronto la colaboración cesó. La burguesía colombiana no estaba dispuesta a embarcarse en un proyecto tan costoso. Por otra parte, ya se le exigía la colaboración con el "Bono de Guerra" y el Impuesto al Patrimonio. Es así que se programa la autofinanciación de los grupos paramilitares, que recurrirán desde entonces al robo, al secuestro, y serán los dólares provenientes del narcotráfico los que llevarán a que sean calificados como *narco-paramilitares*.

Muy pronto, los paramilitares reclutan sectores del narcotráfico, a los que se les ofrecen "franquicias" y "bloques de autodefensas". Los grupos proliferan por cuanto su actividad insurgente de apoyo al Estado colombiano es recibida con beneplácito por éste. Así, entran en escena Salvatore Mancuso, "Don Berna", los "Jorge 20", los Cuco Vanoy, etcétera.

La lista de crímenes bestiales que se atribuyen a estas organizaciones es larguísima. Sólo citaremos estos "casos": en 1997 paramilitares al mando de Carlos Castaño asesinaron a treinta pobladores de Mapiripán, y los descuartizaron con una sierra mecánica; un líder comunitario y su familia fueron asesinados en San José de Apartadó (los forenses comprobaron que las mujeres de la familia habían sido despedazadas aún vivas a hachazos); antes, en la misma comunidad y con participación de la 17° Brigada del ejército, ya habían sido asesinados ciento sesenta comuneros...

Desde que su finalidad explícita es la implantación del terror, las operaciones paramilitares se caracterizan por el machacado de cráneos, el descuartizamiento con motosierra, la disolución en ácido de los secuestrados, la exposición pública por varios días de los despojos de los asesinados, etc. Su resultado ha sido el desplazamiento de millones de colombianos.

Sólo las llamadas AUC, supuestamente desmovilizadas en la actualidad, son responsables de 70% de las fosas comunes que contienen cuerpos de desaparecidos pendientes de identificación. Con más precisión, la Comisión de Juristas Colombianos estableció que entre los años 2002 y 2006 (primer gobierno de Uribe Vélez) fueron ejecutados por motivos políticos once mil trescientos civiles, de los cuales 14% se atribuye al accionar de los agentes del Estado y 60% a los paramilitares "tolerados por el Estado".

Por la sana convivencia

Un ejemplo muy ilustrativo de estos ejércitos privados que concluyen en formas estatales alternativas es el caso de Convivir. En teoría, un grupo de cooperativas de vigilancia privada; en realidad, milicias contra la guerrilla. El símbolo de un ojo inquisidor enmarcado dentro de un triángulo representa desde 1994 a esta especie de "Gran Hermano" masónico.

Creadas por decreto en febrero de 1994, aunque como dijimos definidas como cooperativas de vigilancia y seguridad "privadas", son en realidad fuerzas auxiliares contrainsurgentes del ejército y de la policía, financiadas por los grandes propietarios de tierras, que en la época quisieron librarse del impuesto revolucionario y de la "agitación subversiva" de la guerrilla.

Oficialmente sólo se las dotaría de armas defensivas, pero ya en 1996, el gobierno había autorizado para ellas la adquisición de cuatrocientas veintidós metralletas, trescientas setenta y tres pistolas de calibre 9 mm, doscientos diecisiete fusiles de asalto, setenta fusiles pesados, un centenar de revólveres, algunos lanzagranadas, morteros y granadas de fragmentación.

Frente al reclamo de la Iglesia por la proliferación de grupos armados, el presidente Álvaro Uribe señaló cómo estos grupos permitieron a la población colaborar con las instituciones del Estado, y defendió el uso de la fuerza sin demasiados prejuicios:

"La autoridad debe ser fuerte y constante. Sin esta condición, no habrá paz ni orden [...] Queremos que estas patrullas estén presentes en todo lugar".

Estas Convivir, hijas naturales de las autodefensas paramilitares con las que Uribe Vélez había negociado un acuerdo de desmovilización, representan la "legalización" definitiva del paramilitarismo.

Las Convivir prosperaron en las tierras de los narcotraficantes y en las zonas estratégicas para las grandes empresas de la región, Uribe dio entonces una cobertura legal a la justicia privada. Todo lo que era clandestino, la vigilancia de las plantaciones y los comandos, se hizo legal.

Traslado a la política

La misteriosa desaparición de Carlos Castaño a mediados de abril de 2004, luego de que sus pares le retiraran el rol de interlocutor en las negociaciones con el gobierno, es una manifestación de las contradicciones que entraña la alianza del Estado con los paramilitares. Ya en 1999, en una entrevista, había presentado a su organización como destinada a llenar el vacío y la ineficacia del Estado central en el marco de la lucha contra la guerrilla. Aliados con las élites locales y regionales, procedieron luego a la organización de distintos emprendimientos político-electorales que han dado por resultado el fenómeno de la "parapolítica".

Los mismos jefes paramilitares se jactaron de controlar 35% del Congreso, pero hay pruebas de que su control es aún mayor. A través del nombramiento de funcionarios de rango medio en las administraciones controladas, se apropiaron de las arcas municipales y de algunas gobernaciones.

En el último año, y como consecuencia del estallido del escándalo de la "parapolítica", están siendo investigados (algunos sometidos a prisión) cuarenta y cuatro senadores y representantes, cinco diputados, catorce gobernadores y alcaldes, y el jefe de la policía política del Estado.

Las últimas elecciones celebradas en 2006 probaron abundantemente la implicación del narcotráfico en la política colombiana. En concreto, las sospechas judiciales apuntaron contra varios candidatos electos vinculados con los paramilitares. Según señala la Fundación Centro de Investigación de Relaciones Internacionales y Desarrollo (CIDOB):

"Para obtener de éstos, por medio de la intimidación y la violencia ejercidas contra la población civil en las áreas que controlaban, respaldos electorales necesarios para alcanzar puestos de representación popular en los diversos escalones de la organización del Estado; a cambio, una vez llegados a los cargos, estos políticos y funcionarios habrían desviado dineros para financiar a los escuadrones ilegales, así como colaborado en sus crímenes facilitándoles información y decidiendo con ellos a quiénes había que matar o secuestrar."

Altos implicados

Pero lo que supuso un vuelco en la causa judicial fue la prisión del jefe paramilitar Salvatore Mancuso. Preso en la cárcel de máxima seguridad de Itagüí, la ingratitud de sus ex aliados lo llevó a "prender el ventilador" e implicar a media clase política colombiana. Entre los primeros implicados se cuenta al senador Álvaro Araújo Castro, hermano de la canciller María Consuelo Araújo, lo que supuso un importante golpe para Uribe. Aunque el presidente se negó en un principio a deshacerse del lastre, finalmente le aceptó la renuncia en febrero de 2007.

Dos meses después, las investigaciones alcanzaron a Mario Uribe, primo del presidente, y casi de inmediato el buque insignia del presidente fue tocado por debajo de la línea de flotación: su propio vicepresidente Francisco Santos resultó involucrado, y también el hermano de éste y ministro de Defensa, Juan Manuel Santos. Ambos le habrían pedido a Mancuso y Castaño ayuda para derrocar al entonces presidente de la Nación Ernesto Samper, que pasaba por una situación difícil al estallar el escándalo de la financiación de su campaña electoral por el Cártel de Cali.

Posteriormente se supo que Castaño había sido asesinado por orden de su propio hermano, Vicente, disgustado por las negociaciones encaradas por el gobierno de Uribe con las autoridades antidroga de Estados Unidos, que lo acusaban de tráfico de cocaína.

Aunque en un principio pareció que el proceso de desmovilización fracasaría, los vínculos cada vez más transparentes con el narcotráfico no impidieron que las AUC suscribieran el Acuerdo de Fátima (que establece la Zona de Ubicación de Tierralta), el 13 de mayo de 2004.

Como vemos, en Colombia a nadie se le puede atribuir el manejo exclusivo de la violencia, ni puede sector alguno declararse inmune a este mal que aqueja a una sociedad en lucha por lograr que los ideales democráticos se avengan a las genuinas apetencias de justicia social.

Capítulo 7
UN NUEVO ESCENARIO POLÍTICO

"Si un obrero metalúrgico como yo pudo llegar a la presidencia del Brasil, si un indígena como Evo Morales es hoy el presidente de Bolivia, las FARC deberían pensar que ellos pueden llegar algún día a gobernar Colombia. Pero eso se logra creyendo en la democracia. No se ganan elecciones secuestrando personas."

"Lula" Da Silva, presidente de Brasil

El surgimiento del narcotráfico, como un actor notable de la sociedad colombiana, no dejó de tener consecuencias significativas en la relación ya centenaria de enfrentamiento entre el Estado y la insurgencia campesina. Siendo el narcotráfico un poder tan considerable en la Colombia contemporánea, es natural que ningún sector permaneciera inmune a su accionar.

La conversión de los pequeños agricultores indígenas y colonos autosubsistentes, su base social original, en plantadores y cosechadores de coca, y hoy de amapola, tuvo un efecto decisivo en el devenir histórico de las Fuerzas Armadas Revolucionarias de Colombia. Ese devenir, en el preciso instante en que la organización insurgente se transformaba en una fuerza política y militar de mucha relevancia en el escenario nacional, seguramente no fue indiferente a la suerte corrida por el cultivo y tráfico de estupefacientes en las mismas regiones de su implantación por décadas.

Paradójicamente, lo más sorprendente es que en todo ese decurso las FARC no hayan modificado sino muy levemente sus originales y proclamados objetivos estratégicos: la toma del poder para la construcción de la sociedad socialista en Colombia.

Una vez abortada la apertura política que se iniciara a mediados de los años 80, con el surgimiento de la Unión Patriótica, las FARC fueron sometidas a una contundente ofensiva. Pero a pesar de ésta crecieron exponencialmente, y provocaron ya a fines del siglo XX una alarma considerable en los centros de decisión establecidos en Bogotá y Washington. Por primera vez en más de cuarenta años, la guerrilla ponía en peligro real la existencia del Estado colombiano como se lo conoció por más de ciento cincuenta años. Dentro de las propias FARC, aquella frustrada política de apertura fue evaluada como un error. Y una impensada paradoja, las matanzas de militantes a que diera lugar parecieron confirmar a los guerrilleros en el convencimiento de que sólo la lucha armada podía imponer cambios al *establishment* colombiano. "Este error, no lo volveremos a cometer", decían entonces y sostendrían para el futuro que, aun cuando se firmaran acuerdos de paz, la insurgencia conservaría las armas.

La respuesta de las FARC a la ruptura de la tregua por parte del gobierno se concreta en junio de 1987, a través de una operación de cerco y aniquilamiento sobre una patrulla gubernamental del Batallón Contrainsurgente Cazadores. Para septiembre de ese año, la ofensiva del Estado sobre los insurgentes había ablandado la resistencia de éstos en la coordinación de sus acciones. Se constituye entonces la Coordinadora Guerrillera Simón Bolívar (CGSB), que incorpora a los principales grupos operativos: el EPL, las FARC-EP y el ELN, a los que se sumaron otros grupos que antes se habían ligado a las FARC, como el Comando Ricardo Franco, Frente-Sur, y el Movimiento Armado Quintín Lamé. Entretanto, la guerrilla del M-19 acabará firmando la paz con el gobierno e integrándose al sistema político.

Incremento de las acciones guerrilleras

En cumplimiento de acuerdos surgidos en la conferencia realizada con otros grupos insurgentes, las FARC celebran, del 25 al 29 de diciembre de 1987, un Pleno Ampliado del Estado Mayor Conjunto de las FARC-EP. En él se analiza la situación de la organización, tras la frustrada experiencia de la UP. El Pleno concluye que:

"...en el instante tenemos que ocuparnos básica y principalmente del problema del despegue de nuestro movimiento para encarar la guerra luego de casi cinco años de inactividad militar, frente a un enemigo que ha roto la tregua y no da cuartel."

De inmediato crecerá la actividad militar de las guerrillas, pero no será, sin embargo, sino hasta principios de la década del 90 cuando estas acciones se harán más decisivas y de una envergadura desconocida.

Apenas comenzada la década, en agosto de 1990, muere de muerte natural el comandante guerrillero Jacobo Arenas, el más antiguo cuadro político militar de las FARC. Para febrero del año siguiente, en su homenaje, la organización armada lanza una campaña militar generalizada en sus regiones de implantación y en las mismas urbes centrales del país. Una vorágine desestabilizadora corroe el gobierno de César Gaviria Trujillo, que había intentado un año antes exterminar a la dirección guerrillera con un ataque a su cuartel general de Casa Verde, en el municipio de La Uribe (Meta). Finalmente, el gobierno decide sentarse a dialogar con las FARC, primero en Caracas (Venezuela), y más tarde en la ciudad de Tlaxcala, en México.

Pero como ya ocurriera en el pasado, ningún logro sustantivo se obtiene de unas conversaciones minadas por la desconfianza. En abril de 1993, con delegados de sus sesenta frentes y estructuras desplegadas en todo el país, se realiza la Octava Conferencia Nacional de las FARC. En ella se reafirmará la vigencia y legitimidad de la lucha armada en Colombia, pero también una alternativa a través de una "Plataforma para un gobierno de reconstrucción y reconciliación nacional", que se ofrece como base de un verdadero proceso de pacificación nacional.

La actividad militar no sólo no disminuye, sino que se incrementa, siendo los siguientes años de una intensa ofensiva guerrillera. Destacará por entonces la toma de la Base Militar de las Delicias, en agosto de 1996, operación en la que la guerrilla captura setenta prisioneros militares que el 15 de junio de 1997, en Cartagena del Chairá, son entregados al gobierno en una acción publicitaria que busca prestigiar a la fuerza.

También en noviembre de ese año, el pleno del EMC discute un nuevo emprendimiento político que liquida definitivamente su relación con su organización madre, el PCC. Con el título "Abriendo caminos hacia la Nueva Colombia", se dará a conocer un documento que auspicia la constitución de un nuevo Partido Comunista Clandestino, cuya tarea decisiva implica la potenciación del Movimiento Bolivariano por la Nueva Colombia que adopta, como manifiesto liminar, la "Plataforma para un gobierno de reconstrucción y reconciliación nacional". La asamblea recoge otras propuestas, como la de impulsar la construcción de los "corredores estratégicos" entre los frentes de la organización, y el establecimiento de emisoras radiales en todos los bloques de la organización.

El año de 1998 será funesto para las fuerzas militares del Estado. Sus tropas son derrotadas en centenares de combates y se ven obligadas a abandonar sus posiciones en la selva. El Billar, Miraflores, Tamborales, Mitú, Juradó, el Cañón de la Llorona, Yarumal, entre otras, son pequeñas batallas reivindicadas como victorias contundentes (que los guerrilleros convertirán en míticas) y causan centenares de bajas y prisioneros de guerra al ejército gubernamental. La presión se torna tan insoportable que el nuevo gobierno de Andrés Pastrana Arango asume con la propuesta de un nuevo diálogo de paz para lo cual se establecerá un área de despeje en San Vicente del Caguán, donde se instalará la comandancia de los irregulares durante la tregua militar. Para ello se desmilitarizan cinco municipios: San Vicente del Caguán, La Macarena, Vista Hermosa, Mesetas y Uribe. En conjunto, es una zona de cuarenta y dos mil kilómetros cuadrados la que el ejército abandona con pesar. En unos pocos días, las guerrillas ocuparán pacíficamente las aldeas y pueblos del despeje.

En ese mismo lugar, en donde se instalarán como la única autoridad política, el 29 de abril de 2000 realizan una prueba de fuerza: son convocados a un acto solemne en la plaza principal de la localidad más de ocho mil campesinos y decenas de invitados, para acompañar a unos cinco mil insurgentes vestidos con prolijos uniformes de combate y armados con fusiles Galil y AK-47.

La respuesta no tardará en llegar a la selva del Caquetá: un comité del Senado norteamericano aprueba el 9 de mayo un paquete de ayuda económica y militar para el gobierno colombiano. Son los inicios del Plan Colombia durante el gobierno de Clinton. Sus servicios de inteligencia le susurran al oído que sólo las guerrillas de las FARC poseen más de dieciocho mil combatientes. ¿Cómo es que en estos pocos años la guerrilla se ha convertido en una fuerza tan poderosa?

En parte, con las mismas herramientas que han justificado el enriquecimiento de vastos sectores de la burguesía colombiana: los cultivos de coca y amapola.

Una planta como base social

San Vicente del Caguán se encuentra en el departamento de Caquetá, pero los otros cuatro municipios desmilitarizados pertenecen al vecino departamento de Meta, uno de los más extensos del país, aunque sólo cuenta con una población de un millón y medio de habitantes.

Al lugar sólo puede llegarse en avión. Un campesino del Meta debe caminar cinco largos días hasta encontrar el poblado más cercano. Olvidados, el único futuro posible para ellos reside en incorporarse a la guerrilla o persistir en los cultivos ilegales bajo su protección. La coca es liviana, se paga tan bien que resulta rentable sacarla a pie de la selva.

Los dirigentes farianos se indignan cuando se les señala su dependencia de la coca para la financiación de la organización. Lemoine cita la justificación de las FARC:

"¡Son nuestra base social! No seremos nosotros quienes los arrastremos al hambre, erradicando los cultivos ilícitos. Por otro lado, las mafias ayudan al ejército en el financiamiento de los paramilitares. ¿Por qué deberíamos ser los únicos en considerar esta plaga desde una posición ética? Es ante todo un problema económicosocial."

Siendo la coca el cultivo más rentable de la región, es casi "natural" que sobre él recaiga el mayor peso impositivo que financia a las FARC. Pero también, es justo decirlo, financia una estructura estatal alternativa que suministra educación, salud, seguridad y algunos otros servicios imprescindibles que el Estado nacional jamás ha garantizado.

Las FARC-EP perciben (y esto es público) un impuesto sobre la coca; más frecuentemente sobre la pasta base de los "raspachines" (intermediarios) que así pueden hacer sus negocios sin ser molestados, y sobre transportistas y abastecedores. La norma es terminante en cuanto a excluir a los campesinos de cualquier imposición directa, aunque éstos no se salvan del trabajo obligatorio con fines comunitarios o municipales. Según la mayoría de los especialistas en el tema, la guerrilla no dispone de redes de importación de insumos para la producción de cocaína; no se han detectado nunca vínculos directos con la exportación del producto final, ni tampoco laboratorios para su procesamiento. Mucho menos le son atribuibles las relaciones requeridas para el blanqueo de dinero. Ellos se quejan:

"Si tuviésemos la fortuna que se nos atribuye, ¡la revolución se habría acabado hace tiempo!"

Es cierto que la prensa internacional denuncia periódicamente el involucramiento de la guerrilla de las FARC en el narcotráfico como actividad integral y no sólo como sujeto de "impuesto", pero eso nunca ha sido probado de una manera verificable.

Se solía señalar al Frente 16 de las FARC y a su comandante el Negro Acacio como responsables de la producción y venta de cocaína. De hecho, los Estados Unidos consideraban a este último como el jefe del Cártel de la droga de las FARC. En septiembre de 2007 el ejército colombiano confirmó haber atacado y ocupado su campamento en la región de Vichada, dando muerte a Tomás Medina Caracas, más conocido precisamente por el apodo del Negro Acacio. El comunicado del ejército hace constar los elementos secuestrados en ese campamento:

"Después de un bombardeo, las tropas coparon el campamento y han encontrado hasta ahora catorce cadáveres de guerrilleros en el lugar, así como fusiles, pistolas, equipos de comunicación y como cosa curiosa cuatro GPS."

Parece francamente inverosímil que en el campamento de quien se consideraba que "era el cabecilla más importante para el financiamiento y el sostenimiento de las FARC y era quien controlaba el negocio del narcotráfico", tal como señalara un comunicado del Ministerio de Defensa de Colombia, no se hubiera encontrado siquiera un gramo de la droga que se denunciaba tan profusamente.

Islas de modernidad

Entre Bogotá, una populosa ciudad de más de cuatro millones de habitantes, y la comandancia de las FARC establecida en el 2000 en el Caquetá, hay más de una hora de vuelo en los aviones de SATE-NA, una compañía administrada por los militares. En el pequeño aeropuerto los pasajeros son recibidos por los guerrilleros que se trasladan en flamantes camionetas cuatro por cuatro con aire acondicionado. Una mujer, citada por Lemoine, comenta:

"El gobierno nunca hizo nada. La ruta fue arreglada por la guerrilla. Ahora, todo está tranquilo [suspira]; antes, a esta hora, nos habrían degollado los delincuentes."

La aldeana no manifiesta conmoción alguna por los nuevos huéspedes, aunque sí se sorprende un poco por la juventud de las "mujeres guerrilleras" y apunta: "Van muy elegantes, ¿vieron?, elegantísimas....".

El espacio conquistado por la mujer en la guerrilla sorprende si se piensa en la machista sociedad colombiana, más machista si cabe entre las poblaciones indígenas y de colonos del interior. El nuevo siglo trajo una afluencia espectacular de mujeres jóvenes al movimiento insurgente. Se cree que ya superan el 30% o 35% de los efectivos. La misma descomposición de la familia rural ha permitido que la guerrilla fuera una alternativa viable para mujeres con deseos de emanciparse de la sociedad tradicional. Las hay comandantes, y el maltrato o cualquier discriminación a la mujer allí es severamente sancionado; para jóvenes hundidas en la miseria y golpeadas desde la infancia, resulta naturalmente atractivo incorporarse a la guerrilla. A los catorce o quince años enfrentan la opción de continuar como "reproductoras" de su miseria doblemente explotadas, "sexplotadas", o escapar al monte a "enguerrillerarse".

También para los muchachos representa un buen proyecto su ingreso a la guerrilla. Muchos de ellos son el fruto de la violencia estatal, huérfanos incorporados muy tempranamente. Hogares destrozados por la guerra proveen carne de forma permanente a la insurgencia y a todas las alternativas violentas (muchas, por cierto) que proporciona la realidad política y social colombiana.

Por otra parte, si algo no han buscado los guerrilleros en su exposición pública en estos municipios es "dar lástima". Las camionetas y los equipos dispuestos por todos lados no sugieren carencias, ni pobreza; es una guerrilla que come bien y se viste mejor. Un zumbido persistente señala el trabajo de los grupos electrógenos: en el interior de la carpa establecida como Puesto de Comando-Información, anota Lemoine, decenas de computadoras conectadas a Internet trabajan el día entero.

El "Estado" de las FARC

¿En qué consiste la institucionalidad de las FARC en las zonas controladas por la guerrilla?

Cuando, en el momento de sancionarse el despeje, las tropas más entrenadas de la guerrilla ingresaron a las aldeas de la región, el terror acometió a algunos grupos y familias. El indicio más claro de la naturalización de la guerra civil es cuando el Estado intenta enmascararla como un problema policial o de vigencia de la ley y el orden. Así como el ingreso del ejército, los paramilitares o el control establecido sobre una zona por los narcotraficantes representa para sus respectivos adversarios la posibilidad de la muerte y en lo inmediato la perspectiva de la emigración, también el ingreso de la guerrilla, en la que fuera zona de asentamiento y de influencia por mucho tiempo del Batallón Contrainsurgente Cazadores, provocó la alarma en sus "protegidos". Las técnicas de contrainsurgencia determinan la infiltración de la población con informantes que al momento del despeje llevaban ya un considerable tiempo de asentamiento de su infraestructura.

Cifras de Amnistía Internacional correspondientes a los años en que se registrara esta experiencia hacen constar la desaparición de quince personas; otras voces con menos repercusión internacional denuncian violencias, registros, detenciones de civiles y hasta asesinatos selectivos. Pero la amplia mayoría de las fuentes destaca la disminución muy considerable de la violencia en todas las zonas habilitadas por el despeje.

Las normas parecen ser muy precisas, y la sanción igualmente severa. La guerrilla no permite pescar con explosivos y controla el desmonte, su transgresión es causa de multas, a veces muy onerosas. El homicidio es condenado con la muerte, golpear a otra persona se redime con multa, pero si es maltratada o agredida una mujer, la multa sube y puede dar por resultado una condena de expulsión. El robo se paga con trabajo comunitario. "Bazuqueros" (consumidores de pasta base) y revendedores son exhortados a enderezarse o a abandonar la zona. Otros casos más graves, como el de los violadores, sufren la directa expulsión, y su reincidencia supone un desenlace fatal. Se prohíbe a los menores beber alcohol y deambular por las calles después de las doce de la noche. La prostitución permanece, aunque las nuevas autoridades han recomendado a las trabajadoras sexuales que actúen con más discreción en las calles.

En San Vicente del Caguán intentaron probar públicamente —el lugar se encontraba lleno de periodistas del mundo entero— que eran capaces de administrar eficientemente los municipios a su cargo. Cuando se instalaron, no existían en el pueblo más que cinco calles asfaltadas; dos años después se registraban sesenta. Esto se hizo con trabajo comunitario y un impuesto sobre los transportes de ganado (ya que ésta es una región de cría), obligados a regresar con asfalto para las obras.

La policía armada, constituida por las mismas tropas de la guerrilla, fue algún tiempo después reemplazada por una policía civil voluntaria. El sistema impositivo ha de ser seguramente más vasto que el consignado por los medios periodísticos en su denuncia de estar financiado por el narcotráfico; al menos el sistema expuesto en los pueblos controlados lucía más sofisticado, pues entonces se aplicaron tasas sobre actividades comerciales y lucrativas, sobre transportes y combustibles, etcétera.

Recursos objetados

Pero, sin duda, uno de los principales medios de financiamiento de la guerrilla lo constituyó durante mucho tiempo la llamada *vacuna*, un impuesto revolucionario que se aplica con amenazas a grandes empresas y personajes acaudalados, y el cobro de rescates por el secuestro sistemático de empresarios y funcionarios de empresas multinacionales.

Esta modalidad financiera se transforma en la actividad que más repudio genera entre las clases medias y altas del país, sus principales víctimas, y éste es el contexto que ha ofrecido al presidente Uribe el nivel de consenso que él tiene en las urbes más pobladas.

Apenas asumió, en 2002, Uribe se propuso ejercer una soberanía efectiva en las rutas del país afectadas desde siempre por la llamada *pesca milagrosa*. La guerrilla montaba retenes permanentes en las áreas bajo su control y detenía a los ocupantes de vehículos que mostraban cierto desahogo económico, a los que se exigía rescate.

"Gozar de libre tránsito por las rutas de la Patria" se transformó en una bandera de las clases medias y altas, e incluso comenzó a tener consenso en los sectores populares afectados en su economía por el entorpecimiento del transporte de mercaderías. Al mismo tiempo, la guerrilla retiene en calidad de rehenes a centenares de prisioneros militares y políticos notorios, destinados a ser canjeados por sus varios cientos de presos en cárceles gubernamentales.

Para fines del siglo XX, cuando se desarrollaba este renovado proceso de paz que, es importante destacarlo, contaba con el consenso mayoritario de una población hastiada de la guerra, se estimaba en los medios periodísticos internacionales que la guerrilla de las FARC controlaba 40% del territorio de Colombia. Es sin duda una exageración. Lo era entonces y lo sigue siendo hoy, cuando aquella guerrilla ha sufrido golpes demoledores que incluyeron la dispersión de algunas de sus bases más consolidadas.

Además, debe sumarse la muerte de sus principales dirigentes. La muerte de Raúl Reyes (Luis Edgar Devia Silva) en el bombardeo a su campamento en Ecuador; el asesinato de Iván Ríos (José Juvenal Velandia) por su propio secretario; la muerte por causas naturales (sesenta y siete años) de Efraín Guzmán; la muerte en un enfrentamiento, en septiembre de 2007, del Negro Acacio (Tomás Medina Caracas); y la reciente muerte, el 26 de marzo de 2008, por causas naturales, del número uno de la organización: el mítico Manuel Marulanda Vélez.

Una tregua para armarse

Pero la oportunidad del proceso de paz y las alternativas del despeje eran demostrativas de la coyuntura que enfrentaban entonces, a fines del siglo, las fuerzas en pugna. Aunque fue establecida como una tregua entre los contendientes, ella no respondía a una auténtica necesidad, salvo la del ejército nacional, quien se veía más compelido a la negociación.

Ambos aprovecharon la tregua, y en ese sentido resultan insustanciales las denuncias que en esos años hacían los militares: el proceso de reorganización, entrenamiento y rearmamento que hacía la guerrilla aprovechando la zona de despeje. Lo que, por otra parte, la guerrilla no negaba.

Al mismo tiempo, el presidente Pastrana desarrollaba sus conversaciones con el presidente norteamericano Clinton, tendientes a obtener de Washington más de mil setecientos millones de dólares destinados justamente a combatir la guerrilla. Exhausto, el Estado colombiano aprovechaba la tregua para volver a pertrecharse con nuevas armas y helicópteros, a la vez que obtenía tiempo para repensar su estrategia de guerra.

Desde luego, la nueva estrategia se verá favorecida con el aporte de setecientos millones de dólares anuales del nuevo plan de la administración estadounidense, que desde 1999 nutría las arcas del Ministerio de Defensa. En una entrevista reciente, el general Freddy Padilla, comandante general del ejército colombiano, destacaba la magnitud de esta ayuda económica y algunas de sus consecuencias:

"Por primera vez pudimos acceder a tecnología de punta en forma metódica y rápida. Esto significó un salto estratégico en nuestra capacidad operativa. Al combatir en el trópico, nuestra prepara-

ción actual es superior a la que recibimos de los instructores estadounidenses, que nos enseñaron a movernos en nuestro territorio."

El resultado concreto de esta tregua tendrá su efecto sobre el
paisaje colombiano en la siguiente década. Ella alumbrará el
ascenso al poder de Álvaro Uribe, su política de "Seguridad
Democrática" y su "Plan Patriota" que concluirá por militarizar
a toda la sociedad colombiana.

Para febrero de 2002, el gobierno de Pastrana se sintió suficientemente fortalecido como para encarar con más bríos el
combate a las FARC. Así, dio por cerrado el proceso de diálogo y lanzó sobre la zona desmilitarizada la llamada Operación
Thanatos, que pretendió exterminar a la dirigencia guerrillera
en su cuartel general de San Vicente del Caguán. Apenas dos
años antes una buena parte de la dirigencia de las FARC se ilu-
sionaba con un verdadero proceso de paz. En febrero de aquel
año, el comandante Raúl Reyes, que sería asesinado en 2008 en
su campamento en la frontera ecuatoriana, se calzaba un traje
con chaleco y viajaba a Estocolmo para analizar:

"...los modelos políticos y económicos de los países escandi-
navos y su posible aplicación a un país de América del Sur."

Confiado en las nuevas alternativas que la realidad planteaba a los
movimientos progresistas en América, decía el comandante Reyes:

"Ya no se puede pensar en construir un socialismo a la sovié-
tica, a la china, a la vietnamita, a la cubana […] Nos encontramos en otro momento de la historia, en la época del espacio
cibernético y de Internet. Hay que poner los instrumentos de la
ciencia y de la tecnología al servicio de los procesos económicos,
políticos y sociales."

Pero esta creciente racionalidad que cubría a los cuadros
más esclarecidos del movimiento insurgente sería combatida
con pasión por el nuevo gobierno de Uribe Vélez, que conside-
ró a Reyes como el enemigo público número uno, olvidando
momentáneamente el antiguo rencor por el mítico Marulanda.

La ofensiva de Uribe

En marzo de 2004, el gobierno de Uribe Vélez, fortalecido con el apoyo económico norteamericano, da inicio al Plan Patriota con la pretensión de exterminar toda fuerza insurgente en los territorios meridionales del país. La operación implicará la concentración de más de veinte mil hombres pertenecientes a tropas con un entrenamiento de excelencia para perseguir a los combatientes de los Bloques Sur y Oriental de las FARC, en las selvas del Caquetá, Guaviare y Meta. Por primera vez en décadas, el Estado nacional contaba con un consenso para su accionar represivo que excedía los sectores medios de las urbes más pobladas, extendiéndose a vastos sectores populares, a los que convenció la retórica de un gobierno que afirmaba que sólo un triunfo militar sobre la insurgencia sería capaz de sentarlos a discutir con honestidad un proceso de paz.

Desde luego, fue preciso primero convencer a la población de que tal triunfo militar era posible. Una emergencia que no se debió exclusivamente a la credibilidad del nuevo gobierno, sino a la evidencia de su reconquistado poderío militar y a la desesperación producida en las mismas bases sociales de la guerrilla por el accionar despreocupado de ella, que hizo sufrir indeciblemente a las poblaciones rurales establecidas en la zona de conflicto.

No puede desconocerse que cuando esta guerrilla decide tomar un pueblo utiliza garrafas de gas envueltas en dinamita, armas que, inevitablemente, también matan civiles. Parecen una burla sus "Recomendaciones a la población civil", donde se le prescribe oponerse a la construcción de cuarteles y bases militares en la proximidad de viviendas. ¿Cómo podrían los humildes habitantes de estos pueblos olvidados oponerse a la omnipotencia de los militares?

Privatización y dispendio

Por otra parte, ciertamente la guerra civil colombiana se había internacionalizado y "privatizado". En octubre de 2004, el Congreso de los Estados Unidos que había restringido a cuatrocientos hombres la participación de soldados norteamericanos en el conflicto colombiano levantó esta restricción, duplicó su dotación y permitió al mismo tiempo la duplicación del número de "contratistas" privados (mercenarios) que colaboraran con las FFAA de Colombia. Así como en la guerra de Irak los Estados Unidos han reemplazado con contratistas privados buena parte de su accionar militar, dando origen a las llamadas Sociedades Militares Privadas, de la misma manera se actúa en Colombia. Una característica notoria de estas "Sociedades" es su falta de sujeción a contralor judicial y político alguno, pudiendo desarrollar cualquier tipo de atrocidades sin comprometer al ejército oficial.

La voz cantante en Colombia la lleva Dyn Corp, que se encuentra instalada allí desde 1993, aunque las sociedades militares privadas actuantes en la actualidad superan el número de treinta. La reglamentación aprobada por el Congreso norteamericano no autoriza la participación de más de seiscientos contratistas privados en Colombia, pero esta directiva hace referencia a la participación específica de ciudadanos estadounidenses en sus nóminas. Por lo tanto, a las empresas les basta con contratar guatemaltecos, salvadoreños, mexicanos y otros mercenarios europeos para elevar las cifras a magnitudes que se desconocen. Señala Hernando Calvo Ospina:

"Su actividad supuestamente se encuadra dentro de la lucha contra el narcotráfico, pero la empresa participa en la lucha contra los guerrilleros de las FARC, del ELN, y en la represión de movimientos sociales. Contratadas directamente por el Departamento de Estado, el Pentágono o la US Agency for International Development (USAID), esas SMP defienden, de hecho, los intereses de la "superpotencia". A través de ellas, Washington creó el principal conflicto privatizado del mundo, además de Irak."

Un estudio privado señala que en la guerra se gastan hoy en Colombia veintidós mil doscientos millones de pesos (unos docemil millones de dólares), que equivalen a 6% del producto interno bruto colombiano. Si se lo compara con guarismos similares para Estados Unidos, un país que permanece en guerra sin pausas desde fines del siglo XIX, se obtiene una magnitud real de lo que significa el conflicto para un país como Colombia. A pesar de sostener hoy el peso de su involucramiento en Irak y en Afganistán, y en decenas de conflictos y operaciones por todo el mundo su gasto militar consolidado supone un 4.4% de su PIB. Además, un conflicto tan prolongado tiene consecuencias fatales para la configuración del Estado. Por ejemplo, en Colombia 81% de los funcionarios públicos pertenece a las Fuerzas Armadas.

Entretanto, veintisiete dirigentes sindicales fueron asesinados sólo en 1999. La cifra se eleva a tres mil si se cuenta desde 1986 hasta principios de este siglo. Los últimos años han sido aún más atroces. Pareciera una broma macabra: las agencias internacionales declaran que el narcotráfico mueve a nivel internacional unos setecientos mil millones de dólares, mientras que recientemente la publicidad de la contabilidad secuestrada al líder narco Salvatore Mancuso revela, en las propias cuentas de los narcotraficantes, un ingreso líquido a Colombia de siete mil millones de dólares, nada menos que la centésima parte de aquella cifra estimada.

Es obvio que un guarismo tan descomunal como el señalado en primer término describe cómo el aparato financiero internacional se apropia y recicla estos ingresos generando nuevos beneficios absolutamente lícitos. En cualquier caso, no por su insignificancia comparativa, resulta una cifra pequeña para la economía colombiana el ingreso subrepticio de siete mil millones de dólares. Bastaría detenerse en la valorización de activos y la reproducción ampliada concomitante, producto de la inversión anual de esa suma en el mercado interno local. El dinero que genera el narcotráfico, en suma, enriquece a los países centrales.

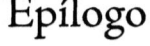

Epílogo

> "Bien vista tengo la aflicción de mi pueblo. He escuchado el clamor
> que le arrancan sus opresores. Sí; yo conozco sus sufrimientos."
>
> Éxodo, III, 7

A lo largo de este texto hemos visto la génesis del conflicto colombiano, sus raíces en la injusta distribución de la tierra, la morbilidad incrementada en décadas de represión política y enfrentamientos facciosos. La lenta configuración de una sociedad dual y desintegrada, en la que el Estado nacional no posee una hegemonía indiscutida. El surgimiento de la contestación armada que se fue constituyendo lentamente como un Estado dentro del Estado.

Podemos ver cómo este enfrentamiento escala, cómo se complica enormemente con la intervención de una potencia exterior y adquiere un nuevo carácter en la emergencia de la aparición de la economía de producción y transporte de sustancias narcóticas.

También, nuevos protagonistas emergen y se produce una implicación diversa de los antiguos actores en la nueva situación creada. Es natural que tan desordenado embrollo escape a la comprensión de la opinión pública internacional y en particular latinoamericana, pero ha de hacerse consciente que la resolución de este conflicto no es sencilla y, por sobre todas las cosas, que las soluciones sencillas no son ingenuas ni dejan de tener funestas consecuencias.

Inútilmente se buscará en el conflicto desatado por la represión al narcotráfico razones de salud pública. Ellas están excluidas del análisis de costos y beneficios de una guerra que ya lleva décadas. Regularmente, analistas internacionales nos informan con precisión que esa guerra ya se ha perdido. Entonces ¿por qué es por lo que se está peleando?

El ejemplo colombiano nos alerta sobre las excusas que presentan los grandes operadores de la política internacional en sus intervenciones. La más reciente guerra en Irak ilustró a la opinión pública mundial sobre la falsedad de los propósitos y justificaciones declamados por las potencias imperiales. Cuando cayó Bagdad, no pudo encontrarse siquiera una sola arma "de destrucción masiva" en el territorio después de una búsqueda que se extendió por más de dos años. ¿Por qué creer entonces que la promocionada guerra al narcotráfico tenga por objetivo eliminar este flagelo?

Ya hemos visto extensamente que los orígenes de la guerra civil en Colombia son antiguos y han permanecido inmodificados durante casi dos siglos de vida independiente. Ha de centrarse en la profunda injusticia de la distribución de la riqueza la razonabilidad de un conflicto que ha sumado en su desarrollo emergencias y nuevas alternativas. Pero es cierto que la estructura y modos de ese despojo han mutado en su decurso.

En 1964, 65% de la población colombiana era campesina; para 2005, cifras del Departamento Nacional de Estadística hablan de un porcentaje de población urbana de 72.5 % sobre un universo de cuarenta y seis millones de seres. Desde luego, las FARC, una guerrilla campesina, han visto restringida su influencia en una sociedad en la que se ve marginada por representar porcentajes menores de población. Pero ese universo, que aún alcanza a más de diecisiete millones de colombianos, es hoy aún más injusto de lo que fuera a mediados del siglo XX, cuando nacieran las subsistentes guerrillas.

Sobre un universo de tierras estimado en unos ciento treinta millones de hectáreas, los predios particulares ocupan en Colombia casi sesenta y ocho millones de hectáreas (67 584 916 hectáreas). De estas inmensas tierras resulta que 3,639 propietarios individuales, 0.1% del padrón, son dueños de 31'631,308 hectáreas, esto es 46.51% de la tierra disponible. Mientras que 1'220,795, 33% de todos los poseedores de tierra, tienen apenas 316,907 hectáreas, esto es 0.46% de la superficie e indica menos de un cuarto de hectárea por productor.

Por supuesto, hablamos de marginales, y estamos diciendo que esa marginalidad alcanza a 33% de la población rural; pero si extendemos la vara resulta que 2'406,659 propietarios, esto es 66.43% del padrón, posee menos de cinco hectáreas, lo que proscribe su explotación al área de subsistencia. Los datos pertenecen a la Base Nacional de Catastro de 2003, citada en el texto *La tenencia de la tierra en Colombia*, donde su autor, Yovanny Martínez Martínez, concluye que 93% posee apenas 18% de las tierras, mientras que 6.23% de los propietarios acapara 82 por ciento.

Desde luego, toda esa tierra no se encuentra en producción. Las cifras citadas, pues, debieran contrastarse con los 5'317,862 hectáreas efectivamente dedicadas a la producción agrícola, con aquellos 20'831,771 hectáreas sustraídas por la ganadería que ocupa 19'251,400 hectáreas aptas para su actividad. Esto implica que casi 60% de las tierras productivas contienen animales. De estos datos, suministrados por el Instituto Geográfico "Agustín Codazzi", se extrae una lúgubre realidad que indica que sobre una población cercana a los 46 millones de habitantes, 28 millones –63% de la población– son pobres. De estos últimos, 16 millones viven en la miseria y seis millones son indigentes. Señala José Aristizábal:

"El subempleo y el rebusque son las formas de subsistencia de 80% de los colombianos [...] y tres millones han sido obligados violentamente a huir de sus tierras, sólo con los miembros de la familia que les quedan y la ropa que tienen encima."

Difícilmente puede solucionarse el apego de las burguesías latinoamericanas a las economías de ciclo corto, ni la desesperación del campesinado marginal mediante la fumigación de los cultivos "ilegales".

En 1988 el presidente norteamericano George W. Bush explicó de modo transparente su política:

"La lógica es simple [...] la vía más barata y segura para erradicar los narcóticos es destruirlos en su fuente [...] necesitamos destruir cultivos donde estén creciendo y poner fuera los laboratorios donde existan."

Por más de una década se fijó a los países andinos como objetivo de la guerra a las drogas. Así se militarizó a sus policías y se hizo acrecer la morbilidad de sus padecimientos sociales.

Los resultados de esa acción son decepcionantes, aun para su estrecha escala de objetivos. Tras la masiva descarga de agrotóxicos en los Estados sureños, particularmente en el Putumayo, los cultivos ilegales modificaron sus características de implantación: se dio una creciente atomización y dispersión de ellos, lo que los llevó a establecerse en veintitrés departamentos, frente a los doce donde se encontraban antes del Plan Colombia; el modelo viró a la pequeña finca de tres hectáreas o menos; se buscó la mimetización con el sotobosque siguiendo procesos de siembra lineales para evitar los aglomerados; se extendió el cultivo a los parques naturales y se incrementó el desastre ambiental por la tala indiscriminada en zonas frágiles de gran biodiversidad; los cultivos se insertaron en la zona cafetalera asociados a otros cultivos que dificultan su identificación y, por fin, parece que ya se están sembrando variedades resistentes al glifosato.

El consumo no ha mermado en los países centrales; por el contrario, se ha incrementado y ha diversificado sus fuentes de suministro. Parece muy poco creíble que el despliegue de esa parafernalia de agentes, armamentos y dispositivos –cuya ineficacia ya ha sido ampliamente demostrada– se proponga honestamente el combate al tráfico de drogas, cuando estas mismas agencias se han visto implicadas centenares de veces en ese comercio maldecido con tanta vehemencia.

La creación por parte de los Estados Unidos de bases de espionaje en la selva amazónica se ha convertido en el rumor del día desde que el gobierno ecuatoriano demandó la devolución de la base aérea de Manta, que aquel país ocupa desde 1998.

Brasil es consciente de que la movilidad de tropas norteamericanas en su frontera selvática se transforma en un grave peligro para su soberanía. Los países ribereños a este gigantesco lago verde amazónico conocen de las ambiciones más secretas de la potencia imperial en el área, y recelan con razón del acrecentamiento comparativo de las FFAA colombianas.

En los últimos tiempos, señala Darío Pignotti, se supo que militares brasileños se entrenaban en Vietnam en las técnicas de guerrilla que a este país le dieran tan buenos resultados en su enfrentamiento con los Estados Unidos. La reciente intervención de la fuerza aérea colombiana en territorio ecuatoriano para acabar con el que fuera número dos de las FARC, el comandante Raúl Reyes, alimenta las peores prevenciones de Brasil y Venezuela principalmente, aunque por la magnitud de la respuesta es evidente que la alarma aflige a toda la región.

Por otra parte, es cierto que la guerrilla colombiana se ha debilitado en los últimos tiempos al calor de la estrategia de Seguridad Democrática implementada por el gobierno de Uribe Vélez. Las cifras oficiales del Ministerio de Defensa señalaban que en el año 2000 las FARC tenían 17,100 hombres en armas y 20,000 milicianos, y le adjudican ahora una cifra de reclutamiento de 7,300 hombres en armas y 15,000 milicianos. La disminución, según esta fuente, se explica por las bajas en combate, las deserciones y capturas. Una institución independiente, la Fundación Seguridad y Democracia, estima cifras sutilmente diferentes: considera que las FARC pasaron de 18,000 a 12,000 hombres, una reducción de 30 por ciento.

En cualquier caso, ni política ni militarmente la guerrilla se encuentra derrotada mientras permanezcan intocadas la mayoría de las condiciones que determinaron su emergencia. Pero también ha probado suficientemente, tras casi cincuenta años de implantación, que no puede triunfar sobre el Estado y que su único destino asequible es la mesa de negociaciones.

No cabe duda de que el fortalecimiento del Estado ha determinado la gestación de un nuevo escenario favorable a la conclusión del conflicto armado, pero su poca disposición a encarar con seriedad un acuerdo de pacificación puede extenderlo hasta la exasperación. El dilatado proceso de desmovilización de fuerzas paramilitares, como las AUC, puede hacer en el futuro más creíble un pactado proceso de paz con los irregulares de las FARC. Así ocurrió con la experiencia en El Salvador tras el desmantelamiento de los "escuadrones de la muerte", una condición previa y necesaria para el inicio de las negociaciones de paz con el FMLN.

Por otra parte, es cierto que la inmensa mayoría de los procesos de paz exitosos han tenido como contraparte estatal a representaciones de la derecha política, lo que se corresponde con la fuerza gobernante hoy en el país. Aunque la concomitante creación de nuevas policías privadas y "vigilantes civiles" minan la credibilidad de un Estado puesto por encima de los intereses particulares, imprescindible para la gestión de un verdadero proceso de pacificación nacional.

La paz entre los contendientes colombianos es requerida por un pueblo hastiado de guerra y por una opinión pública latinoamericana que, tras más de dos décadas de haber reconquistado su democracia, teme con razón la metástasis de ese virulento tumor. Mucho más cuando su exasperada prolongación da pie a la intervención de potencias extrarregionales en el conflicto, lo que configura un problema de seguridad nacional y de amenaza a la autonomía de las repúblicas latinoamericanas. Estados Unidos se encuentra fuertemente implantado en la selva amazónica desde que Colombia habilitó esta participación, pero también se tiene conocimiento de la existencia de bases secretas en el Paraguay, subsistentes de la colaboración que le brindara la dictadura del general Stroessner.

En cuanto a los cultivos ilegales, su prohibición y persecución no ha dado hasta hoy resultados satisfactorios. Muchos países comienzan a inclinarse por la legalización y el control sanitario, políticas que presidieron una verdadera reducción del fenómeno en los países donde fueran implantadas. A la vez, se minan de este modo las bases del negocio del narcotráfico, absolutamente dependiente de su persecución para establecer costos y rentabilidades.

A más de noventa años de la implantación en los Estados Unidos de la famosa Ley Seca, que proscribiera la producción y consumo de alcohol provocando un auge desenfrenado del crimen organizado, los países latinoamericanos debieran mantener fresca esa experiencia a modo de no repetirla. Allí mismo, las consecuencias funestas de su implantación llevaron a que fuera derogada en 1933, catorce años después de su sanción.

Como vemos, la solución al problema es posible, aunque por cierto, no exenta de complejidades. Se necesita una dosis de verdad que la situación, sujeta a intereses suprarregionales, no parece permitir tan fácilmente.

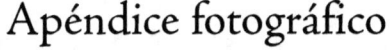

Apéndice fotográfico

COLOMBIA: DIVISIÓN POR DEPARTAMENTOS

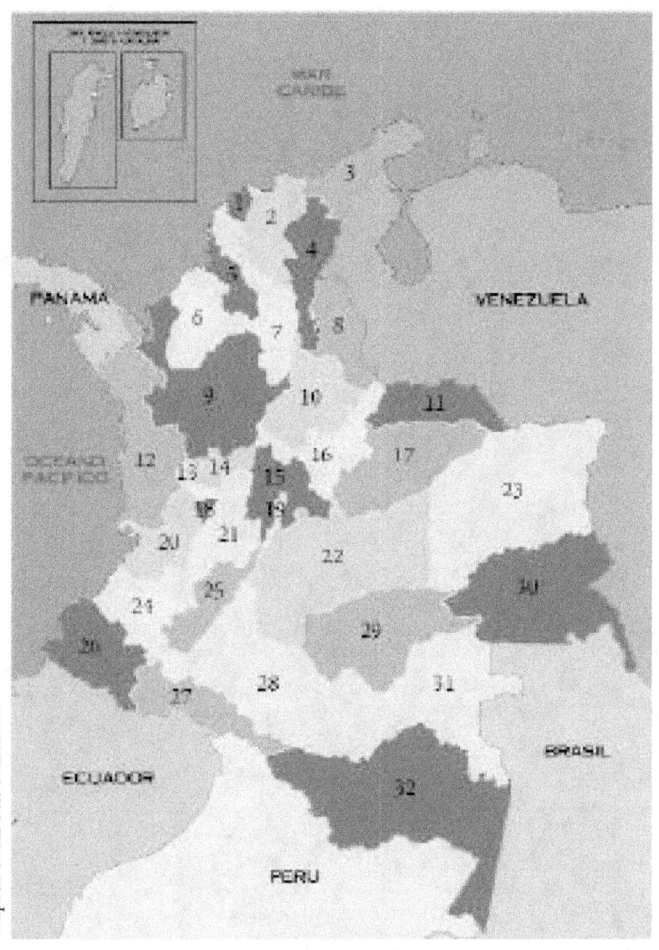

1 Atántico	12 Choco	23 Vivhada
2 Magdalena	13 Risaralda	24 Cauca
3 La Guajira	14 Caldas	25 Huila
4 César	15 Cundinamarca	26 Nariño
5 Sucre	16 Boyaca	27 Putumayo
6 Córdoba	17 Casanare	28 Caqueta
7 Bolívar	18 Quindío	29 Guaviare
8 Norte de Santander	19 Bogotá DC	30 Guainia
9 Antioquía	20 Valle del Cauca	31 Vaupes
10 Santander	21 Tolima	32 Amazonas
11 Arauca	22 Meta	

LOS TRES MACIZOS

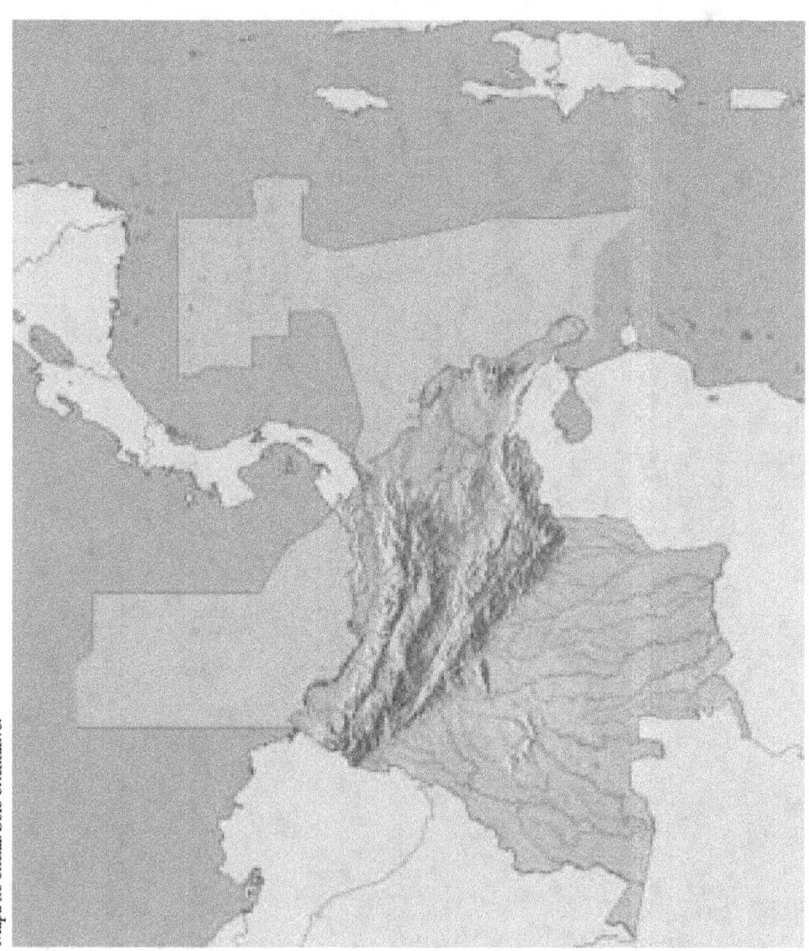

Mapa no oficial. Sólo orientativo.

Mapa de Colombia, donde se aprecian los tres cordones cordilleranos
a los que se alude en el texto.

Un líder incómodo

"Nosotros, señor presidente, no somos cobardes. Somos descendientes de los bravos que aniquilaron las tiranías en este suelo sagrado", dice Jorge Eliécer Gaitán ante 100 000 personas y en alusión a Ospina Pérez, el 7 de febrero de 1948.

El cuerpo sin vida del caudillo liberal tal como fue difundido por los medios de prensa de Colombia. Su asesino material fue linchado y expuesto desnudo.

El "bogotazo"

Tras la muerte de Gaitán,
el 9 de abril de 1948,
el pueblo ganó las calles.
El saldo cierto de civiles
muertos nunca fue precisado.

Curiosa foto que muestra a Fidel Castro (izquierda) en medio de
los disturbios en la capital de Colombia. Entonces sólo era un
joven dirigente estudiantil cubano.

Las "Repúblicas independientes"

Ciro Trujillo Castaño, de filiación comunista, tenía a la vez un notable ascendiente sobre la población rural de Riochiquito. Murió en 1968.

Campesinos sin escuelas ni hospitales apoyaban a los patriarcas locales armados. Y con un Estado distante, ellos mismos comenzaron a "enguerrillerarse".

REBELDES EN MARQUETALIA

Imagen de los años 60 en la selva. Los fundadores de las FARC.
De izquierda a derecha: Fernando Bustos, Manuel Marulanda,
Jaime Guaracas, Miguel Pascua, Joselo y el "Comandate Nariño".

Pedro Antonio Marín (1930-2008), o Manuel Marulanda Vélez
o "Tirofijo", con la toalla al hombro, al uso campesino.
Sería el guerrillero con más años de actividad en América Latina.

EL CONVIDADO DE PIEDRA: LA DROGA

Gobierno de Estados Unidos

Tragedia: agosto de 2005. Un avión oficial derrama sustancias tóxicas
sobre la selva. La campaña es financiada por el Plan Colombia.
Por supuesto, no sólo las plantas de coca mueren.

Icedlian

¿Comedia? Elecciones presidenciales de 2006. En Medellín aparecen
unos misteriosos carteles que proponen la candidatura
de Pablo Escobar Gaviria, ya muerto en 1993.

Buenas relaciones

Enero de 2002. El secretario de Estado Colin Powell visita Bogotá para supervisar la marcha del Plan Colombia. Los Estados Unidos ya llevaban años proveyendo al gobierno local armas, pesticidas, ingentes recursos económicos y asesoramiento logístico militar.

Enero de 2009. Salón Este de la Casa Blanca, Washington. Álvaro Uribe durante la ceremonia en la que George W. Bush le entregara la Medalla Presidencial de la Libertad.

BIBLIOGRAFÍA

- Alape, Arturo; *Tirofijo, los sueños y las montañas*, Buenos Aires: Editorial 21, 1998.
- Arenas Jaime; *La guerrilla por dentro*, Bogotá: Tercer Mundo, 1971.
- Arenas, Jacobo; *Diario de la resistencia de Marquetalia*, Bogotá: Ediciones Abejón Mono, 1973.
- Aristizábal, José; *Metamorfosis, guerra, Estado y globalización en Colombia*, Bogotá: Ediciones Desde Abajo, 2007.
- Arregui, Ion; *Voces de Colombia. Mirada a una sociedad urgente*, Bogotá: Tercera Prensa, 1994.
- Bejarano, Jesús Antonio; Echandía, Camilo; Escobedo, Rodolfo y Enrique León Queruz; *Colombia: inseguridad, violencia y desempeño económico en las áreas rurales*, Bogotá: Universidad Externado de Colombia, 1997.
- Bilbao, Luis; "Militarización de la política", en *Le Monde Diplomatique*, septiembre 2000.
- Calvo Ospina, Hernando; "El terrorismo de Estado en Colombia", en *Le Monde Diplomatique*, abril 2003.
- Casas, Ulises; *De la guerrilla liberal a la guerrilla comunista*, Bogotá: s. e., 1987.
- _____; *Origen y desarrollo del movimiento revolucionario colombiano*, Bogotá: s.e., 1980.
- Castillo, Fabio; *Los jinetes de la cocaína*, Bogotá: Editorial Documentos Periodísticos, 1987 (editado electrónicamente por el Equipo *Nizkor-Human Rights*.)
- Comisión de Conciliación Nacional; *La paz sobre la mesa. Proceso de paz con la Coordinadora Guerrillera*, Comité Internacional de la Cruz Roja, 1998.
- Echandía, Camilo; "Expansión territorial de las guerrillas colombianas: geografía, economía y violencia", compilado por

Malcom Deas y María Victoria Llorente en *Reconocer la guerra para construir la paz*, Bogotá: Norma, 1999.

- Escobar, Santiago; *Evolución de los movimientos guerrilleros*, Bogotá: Presidencia de la República, Consejería para la Paz-Observatorio de Violencia, 1999.

- Fuerzas Militares de Colombia; *Estrategia general de las Fuerzas Militares*, Bogotá: Imprenta y Publicaciones de las Fuerzas Militares de Colombia, 1997.

- Fundación CIDOB, Centro de Investigación de Relaciones Internacionales y Desarrollo, Barcelona:
www.cidob.org/es/lafundacion

- Girón Ortiz, Claudia e Iván Cepeda Castro; "Vida y muerte de la Unión Patriótica Colombiana", en *Le Monde Diplomatique*, mayo de 2005.

- González, José Jairo y Elsy Marulanda; *Colonización y guerras en el Sumapaz*, Historias de Frontera, CINEP, 1990.

- Granada, Camilo; *La evolución del gasto en seguridad y defensa en Colombia 1950-1994*, Universidad de los Andes, Documento de Trabajo de Paz Pública No. 6, 1997.

- Gutiérrez, Carlos; "Desprestigio de las FARC. Uribe recibe apoyo ciudadano a su política", en *Le Monde Diplomatique*, n° 106, abril de 2008.

- Harnecker, Marta; *Unidad que multiplica*, tercera edición, Quito: Ediciones Quimera, 1988.

- Jaramillo, Jaime; Mora, Leonidas y Fernando Cubides; *Colonización, coca y guerrilla*, Bogotá: Alianza Editorial Colombiana, 1989.

- Jimeno, Myriam; Arocha, Jaime y Fernando Cubides; *Violencia: inclusión creciente*, Bogotá: Colecciones CES, Utópica Ediciones, 1998.

- Lemoine, Maurice; "La muerte que viene del cielo", en *Le Monde Diplomatique*, n° 20, febrero de 2001.

- _____; "La guerra en Colombia: una nación, dos Estados", en *Le Monde Diplomatique*, n° 12, junio de 2000.

- _____; "Prisioneros y rehenes del conflicto colombiano", en *Le Monde Diplomatique*, abril de 2006.

- Martínez Martínez, Yovanny; *La tenencia de la tierra en Colombia*: http://www.sogeocol.edu.co

- Medina Gallego, Carlos; *Autodefensas, paramilitares y narcotráfico en Colombia: origen, desarrollo y consolidación. El caso de Puerto Boyacá*, Bogotá: Editorial Documentos Periodísticos, 1990.

- Molano, Alfredo; *Trochas y fusiles*, Bogotá: Instituto de Estudios Políticos y Relaciones Internacionales y El Áncora Editores, 1994.

- Montaña Cuéllar, Diego; *Colombia país formal y país real*, Buenos Aires: Platina, 1963.

- Palacio, Germán (compilador); *La irrupción del paraestado*, Bogotá: CEREC, 1990.

- Pignotti, Darío; "El proyecto de defensa regional de Brasil", en *Le Monde Diplomatique*, abril de 2008.

- Pizarro León Gómez, Eduardo; "La guerrilla en Colombia", *Controversia*, n°141, marzo de 1988.

- _____; "Los Orígenes del movimiento armado comunista en Colombia (1949-1966)", *Análisis Político*, n° 7, mayo-agosto de 1989.

- _____; *Las Farc 1949-1966: De la autodefensa a la combinación de todas las formas de lucha*, Bogotá: Tercer Mundo Editores, 1991.

- _____; *Insurgencia sin revolución: la guerrilla en Colombia una perspectiva comparada*, Bogotá: Tercer Mundo Editores, 1996.

- Rangel, Alfredo, "Las FARC-EP: una mirada actual", compilado por Malcolm Deas y María Victoria Llorente en *Reconocer la guerra para construir la paz*, Bogotá: Norma, 1999.

- Restrepo, Luis Alberto; "La difícil recomposición de Colombia", *Nueva Sociedad*, n° 192, julio-agosto de 2004.

- Stern, Steve; *Los pueblos indígenas del Perú y el desafío de la conquista española en Huamanga hasta 1640*, Madrid: Alianza, 1986.

- Tovar Pinzón, Hermes; "La economía de la coca en América Latina. El paradigma colombiano", en *Nueva Sociedad*, n° 130, Caracas, marzo-abril de 1994.

- Valencia Tovar, Álvaro; *Testimonio de una época*, Bogotá: Planeta, 1992.

- _____; "El origen de las FARC", Bogotá, *Revista Semana*, n° 891 mayo-junio de 1999.

- Vargas, Ricardo; *Drogas, mascaras, juegos*, Bogotá: Tercer Mundo, 1999.
- Vargas Meza, Ricardo; "Drogas conflicto armado y seguridad global en Colombia", *Nueva Sociedad*, n° 192, julio-agosto de 2004.
- Vélez, María Alejandra; "FARC-ELN. Evolución y expansión territorial", Revista *Desarrollo y Sociedad*, n° 47, 2001.

Sitios en la *web*

www. bolivarsomostodos.org
www.farcep.org/o
www. burn.ucsd.edu/farc-ep/
www.pacocol.org

Índice

Índice

En la misma colección:

Gabriel Glasman
EL CAMARADA INCÓMODO
La caza de León Trotsky por el poder
stalinista

León Trotsky, héroe de la Revolución
Rusa de 1917, sufrió el exilio a raíz de su
enfrentamiento ideológico y político con
Josef Stalin, el hombre fuerte del poder
soviético. Asesinado en México, país que
le concediera asilo, su nombre y sus obras
aún respaldan organizaciones políticas
en todo el mundo. Ésta es la trama de una
tenaz persecución, y de un magnicidio
ejecutado en tiempos en que los que
soñar un mundo justo parecía la mejor
opción posible.

Fabián Berenstein
GO HOME!
Intervenciones de la CIA y los marines
en América Latina

Desde su independencia, Estados Unidos ha demostrado una vocación expan-
sionista expresada sobre todo con sus
vecinos del sur. La historia de las inje-
rencias norteamericanas en esa parte del
continente incluye presiones diplomáti-
cas y económicas, sabotajes, asesinato de
líderes políticos, creación de ejércitos
mercenarios… Aquí desfilan la CIA, los
Marines y el Departamento de Estado,
en un accionar que ya lleva siglos.

José Andrés López
¡MATEN A FIDEL!
La apasionante trama de los atentados
contra el líder cubano

Desde 1958 hasta nuestros días, Fidel
Castro ha sido objeto de más de 600
atentados, fallidos o neutralizados. No
hay ningún otro mandatario en el mundo
que registre tal récord. Ello habla tanto
de una persistente obsesión por asesinar-
lo como de la eficiencia de los servicios de
seguridad de la Isla. José Andrés López
logra trazar un breve, pero apasionante,
panorama de ese medio siglo de tentati-
vas, en un libro documentado y revelador.